Oriente, Engenho e Arte
Imprensa e literatura de língua portuguesa
em Goa, Macau e Timor Leste

Universidade de São Paulo
Reitor: Adolpho José Melfi.
Vice-Reitor: Hélio Nogueira da Cruz.

Faculdade de Filosofia, Letras e Ciências Humanas
Diretor: Sedi Hirano.
Vice-Diretora: Sandra Margarida Nitrini.

Departamento de Letras Clássicas e Vernáculas
Chefe do Departamento: Benjamin Abdala Junior.
Vice-Chefe: Maria Vicentina P. do Amaral Dick.

Área de Estudos Comparados de Literaturas de Língua Portuguesa
Coordenador: Benjamin Abdala Junior.
Vice-Coordenadora: Rita de Cássia Natal Chaves.

Coleção Via Atlântica

Conselho Editorial
Ana Paula Ferreira, Benjamin Abdala Junior, Carlos Reis, Elza Miné,
Isabel Pires de Lima, João Alexandre Barbosa, Maria Aparecida de
C. Brando Santilli e Nádia Battella Gotlib.

Conselho Consultivo
Antonio Dimas, Benilde Justo Caniato, Cleonice Berardinelli, David
Jackson (EUA), E. M. De Melo e Castro (Portugal), Ettore Finazzi-Agró (Itália),
Fátima Mendonça (Moçambique), Fernando Martinho (Portugal), Hélder Garmes,
Helder, Macedo (Inglaterra), João Adolfo Hansen, Jorge Fernandes da Silveira,
Laura C. Padilha, Lélia P. Duarte, Maria Helena Nery Garcez, Maria Lúcia Pimentel
de Sampaio Góes, Maria Luiza Ritzel Remédios, Marisa Lajolo, Nelly Novaes
Coelho Pepetela (Angola), Ria Lemaire (França), Roberto de Oliveira Brandão,
Sandra Nitrini, Suely Fadul Villibor Flory e Vilma Arêas.

Oriente, Engenho e Arte
Imprensa e literatura de língua portuguesa
em Goa, Macau e Timor Leste

Organizador
Hélder Garmes

São Paulo, 2004

copyright © 2004 Hélder Garmes

Edição: Joana Monteleone
     Haroldo Ceravolo Sereza
Capa: Rec Design (www.rec.com.br)
Copydesk: Carlos Villarruel
Revisão: Alexandra Colontini
     Edna Toshie Agata Bezutti
Projeto gráfico e diagramação: Estela Mleetchol

Dados Internacionais de Catalogação na Publicação (CIP)
(Câmara Brasileira do Livro, SP, Brasil)

Oriente, engenho e arte : imprensa e literatura de língua portuguesa em Goa, Macau e Timor Leste / organizador Hélder Garmes.
– São Paulo : alameda, 2004.

Vários autores.
ISBN: 85-98325-05-8

1. Imprensa – Goa (Índia) 2. Imprensa – Macau (China)
3. Imprensa – Timor Leste 4. Literatura goense (Português)
5. Literatura macauense (Português) 6. Literatura timorense (Português) I. Garmes, Helder.

04-6269   CDD–869.899

Índices para catálogo sistemático:
1. Literaturas de língua portuguesa : Estudos comparados   869.899

[2004]
Todos os direitos desta edição reservados à

ALAMEDA CASA EDITORIAL
Rua Tucuna, 194, cj. 31 – Perdizes
CEP 05021-010 – São Paulo – SP
Tel. (11) 3862-0850
www.alamedaeditorial.com.br

Sumário

Apresentação 7
Benjamin Abdala Junior

Introdução 9
Hélder Garmes

Origem e estabelecimento da
imprensa e da literatura em Goa 15
Hélder Garmes

Breve esboço da literatura de Goa em
língua portuguesa contemporânea 87
Regina Célia Fortuna do Vale

Timor, nos horizontes da língua portuguesa 107
Benjamin Abdala Junior

Macau, história e cultura 115
Benilde Justo Caniato

Identidade e memória no espaço
literário de língua portuguesa em Macau 137
Mônica Simas

Sobre os autores 191

Apresentação

A coleção *Via Atlântica* prossegue com mais este título, organizado por Hélder Garmes, docente do programa de pós-graduação de Estudos Comparados de Literaturas de Língua Portuguesa da Universidade de São Paulo. Da leitura dos textos reunidos neste volume, que trata em sua maior parte de espaços colonizados por Portugal, sem que houvesse uma efetiva penetração da língua portuguesa, fica bem evidenciado o papel da Igreja Católica e suas ordens religiosas. Um papel que se exercia com algumas máscaras de atores com poder de Estado. Mais do que o Estado colonial e seu poder coercitivo, essa instituição e seu *campo intelectual* lograram estabelecer, por assim dizer, um sistema interno à instituição, por onde fluía não apenas a cultura religiosa, mas também a da Ibéria. E uma das comprovações de como essas marcas foram profundas é o novo Estado do Timor Leste. Vieram dessas marcas boa parte dos movimentos de resistência contra a invasão Indonésia.

O estudo da maneira de ser dos timorenses se coloca, pois, com vinculações estreitas com as imbricações estabelecidas por esse campo intelectual e o posterior, afinado com o socialismo, que embalaram militantes laicos como Xanana Gusmão. São esses campos que reimaginam uma identidade timorense que não constitua um mero espelho de indonésios e australianos. E, para a construção dessa identidade (identidades estão sempre em construção), a língua portuguesa é fundamental. Esse mesmo problema poderia ter sido colocado para Macau e Goa, mas as situações históricas eram outras, bastante diferenciadas, e hoje essas regiões integram a China e a

Índia. Diferente foi o caso de Cabo Verde, entrecruzado culturalmente por África e Europa, e que tem buscado sua especificidade nacional na crioulidade. Isto é, na mestiçagem. E têm na mescla cultural sua aspiração de universalidade.

Nesta coletânea organizada por Hélder Garmes, o programa de Estudos Comparados de Literaturas de Língua Portuguesa procura apresentar subsídios para os estudiosos dessas literaturas e público em geral, no sentido de melhor compreensão não apenas do significado artístico e cultural dessas produções, mas também de formulações híbridas próprias de países colonizados pela Ibéria, especialmente o Brasil dos tempos coloniais.

Benjamin Abdala Junior

Introdução

A língua portuguesa já teve maior presença no Oriente do que tem hoje. Desde o século XV, quando os navegadores lusitanos inauguraram a rota marítima entre a Europa e as então denominadas Índias, uma certa variante da língua portuguesa ganhou aos poucos o estatuto de língua comercial em toda a costa africana, assim como em alguns portos do Oriente, chegando até Macau, na China. Mas, além do comércio, os portugueses foram os primeiros a promover a difusão do cristianismo por tais regiões, levando na empreitada comercial grupos de missionários jesuítas, franciscanos, dominicanos. Essas ordens é que de fato promoveram a difusão da língua portuguesa em tais localidades, assim como ocorreu no Brasil, como bem sabemos.

Se aqui, em função de uma ação colonialista mais programática e continuada, a língua portuguesa acabou por se afirmar como hegemônica, nas colônias lusas que tiveram origem na rota para o Oriente, isso não se deu. Apenas aqueles indivíduos vinculados à administração colonial empregavam o português. Por diversas vezes a metrópole proibiu que se falasse as línguas locais e decretou a obrigatoriedade do uso da língua portuguesa, ameaçando até mesmo empregar a força para fazer valer tais decretos, tudo isso sem resultados significativos.

Entretanto, nas possessões orientais os portugueses desde o século XVI permitiram a instalação de máquinas impressoras, que ficaram em geral nas mãos de religiosos. Estes puderam publicar muitas obras de cunho religioso, histórico e mesmo literário. Goa, na Índia, tornada o centro administrativo do domínio português no

Oriente, apresenta uma grande diversidade de textos nos séculos XVI e XVII. Também em Macau se publicaram muitos documentos, relatos, teses, traduções, nesse mesmo período.

Ainda que falado apenas por pequenas comunidades locais, a língua portuguesa sobreviveu nessas regiões em função da administração colonial e principalmente das ordens religiosas. Na segunda metade do século XVIII, no entanto, o Marquês de Pombal promoveu a laicização da educação em Portugal e nas colônias. O ensino do português foi retirado das mãos das ordens religiosas e passou para o reino. Isso significou uma forte baixa quantitativa desse ensino, em especial em Goa e em Macau, onde as ordens religiosas estavam mais bem instaladas. Com a queda de Pombal, as ordens retomam suas atividades, mas já não com a autonomia ou o empenho de antes.

A primeira metade do século XIX é catastrófica da perspectiva do ensino do português em tais localidades, em função da ascensão do liberalismo em Portugal. O retorno da família real para Portugal, a morte de D. João VI e a luta entre D. Miguel e D. Pedro IV de Portugal (o D. Pedro I, do Brasil) não permitiram que as ordens religiosas dessem continuidade às suas atividades didáticas, sendo mais e mais cerceadas em suas práticas pedagógicas e tendo seus bens apropriados pelo Estado português. Entretanto, o Estado não assumiu devidamente sua papel no âmbito da educação, ficando tudo por fazer.

Somente a partir da estabilidade política conquistada em 1834, com a vitória de D. Pedro sobre D. Miguel e, mais especificamente, a partir de 1851, com o advento da Regeneração, que estabilizou a vida política portuguesa, é que as colônias vão receber algum investimento por parte do metrópole no sentido de promover de forma mais declarada o ensino da língua portuguesa, mas ainda assim de maneira muito irregular e com ínfimos resultados.

A imprensa, no entanto, em tais localidades, retomava no século XIX o lugar que tivera no XVI e XVII. Desde o início da década de 1820 máquinas impressoras são reinstaladas em Goa e em Macau, uma vez que, no decorrer do século XVIII, tais regiões tinham deixado de produzir qualquer atividade de imprensa. Uma significativa imprensa política, e posteriormente literária, de língua portuguesa ganhou lugar no Oriente.

Em Goa surgiu, por exemplo, um importante periódico literário, *A Ilustração Goana* (1864-1866), dirigido por Júlio Gonçalves, e em Macau apareceu o *Ta-ssi-yang-kuo* (1863-1866), dirigido por Antônio Feliciano Marques Pereira (*Ta-ssi-yang-kuo*, cuja tradução é "grande reino do mar do Oeste", referindo-se ao reino português havia sido a expressão chinesa empregada pelo jesuíta Matheus Ricci quando, em 1600, em sua primeira audiência com o imperador Chintsung-hien-ti, este perguntou-lhe de onde viera). Foram publicações paradigmáticas para as comunidades locais, que tiveram um papel decisivo na demonstração da sobrevivência da língua e da cultura portuguesas nessas regiões.

O Timor só teve uma verdadeira imprensa periódica de língua portuguesa no século XX, pois no século XIX encontrou-se na maior parte do tempo atrelado administrativamente a Macau. Exemplo desse vínculo foi o periódico *Gazeta de Macau e Timor – Semanario politico, litterario e noticioso* (20 set. 1872 – 20 mar. 1874), que teve por editor Francisco de Sousa Placé e por redator Francisco Pedro Gastão Mesnier.

O fato é que em todos esses periódicos se publicava muita matéria literária: poemas, crônicas, contos, novelas e, principalmente, narrativas de viagens. Mas, muito diferente do que ocorrera no Brasil oitocentista, não houve por parte dessa produção uma preocupação independentista. Até mesmo as marcas locais, a valorização de uma identidade peculiar, distinta da portuguesa, foi só tardiamente ou mesmo jamais reivindicada nessas comunidades, em função dos contextos peculiares das mesmas. Tanto Goa quanto Macau eram possessões portuguesas situadas em meio a comunidades tradicionais que possuíam uma cultura material e armamentista capaz de concorrer com a européia. No caso da China, por exemplo, os portugueses foram apenas tolerados. A qualquer momento o poder central de Pequim poderia, se quisesse, retomar Macau. Entretanto, interesses econômicos de chineses da costa, nominalmente de Cantão, não permitiam tal expulsão. No caso de Goa, dava-se algo semelhante, já que foi somente com um pacto bem engendrado com os brâmanes goeses que os portugueses conseguiram ali permanecer, ainda que na Índia a força bélica portuguesa tenha tido papel preponderante. No caso do Timor, não houve tal resistência, já que as comunidades locais não possuíam uma cultura armamentista tão sofisticada quanto a européia, mas o interesse português naquela localidade foi menor que aquele relativo a Goa ou a Macau, pois, apesar de os dominicanos terem se estabelecido no Timor desde o século XVII, foi somente no início do século XVIII que Portugal começou a investir numa efetiva administração colonial. Mesmo considerando as peculiaridades de cada uma dessas três regiões, importa destacar que a presença portuguesa ali não teve o mesmo perfil que aquela que caracterizou a colonização no Brasil, uma vez que resultou em comunidades que procuravam antes afirmar sua identidade portuguesa como estratégia de sobrevivência do que definir uma identidade própria que as distinguisse tanto das comunidades autóctones quanto da metrópole. O vínculo com Portugal para macaenses, goeses e timorenses era algo que tinha de ser sistematicamente reiterado, pois sofriam a pressão constante das comunidades e identidades locais.

No século XX, em função da política neocolonial que caracterizou a república portuguesa e a ditadura salazarista, houve um investimento mais sistemático nas colônias, o que resultou na sedimentação da imprensa e na publicação mais regular de literatura. Com o acirramento da censura, no entanto, as comunidades coloniais se restringiram a uma literatura bastante conservadora, partilhando na maior parte das vezes do olhar exótico como o europeu sempre tratou o Oriente, exemplarmente estudado por Edward Said, em seu livro *Orientalismo*.

Mas também já surgiram nesse momento alguns escritores que passaram a valorizar a identidade peculiar dos membros daquelas comunidades híbridas, situadas entre dois ou mais mundos. Estes escritores refletem sobre uma condição bastante peculiar de construção de identidade, que se situa num entre-lugar entre a tradição européia e as diversas tradições orientais. Uma identidade que, diferentemente do que ocorrera com a brasileira, não podia pretender uma dimensão política, quer por falta de independência econômica, quer por falta de independência administrativa, quer mesmo por falta de uma reflexão mais detida sobre sua própria peculiaridade cultural.

Os ensaios que compõem este livro tratam de parte da história dessas comunidades e identidades. O primeiro ensaio, de minha autoria, busca investigar o modo como se constituiu, a partir de periódicos, o meio literário goês no século XIX. O ensaio de Regina Célia Fortuna do Vale centra sua argumentação na reflexão sobre a literatura goesa do século XX. Ambos, portanto, apresentam um pequeno panorama da literatura goesa nos séculos XIX e XX. O texto de Benjamin Abdala Junior vem ressaltar o aspecto político que a língua portuguesa ganhou na história recente do Timor. O ensaio de Benilde Justo Caniato parte do século XVI e apresenta um vasto percurso sobre a cultura e literatura macaenses até os dias de hoje. Já o de Mônica Simas reflete sobre a construção da identidade literária macaense, apontando suas estratégias e contradições. Assim, estes dois últimos ensaios também se complementam, traçando não só um panorama da literatura macaense, mas também uma densa reflexão sobre sua identidade.

O presente livro, portanto, é uma tentativa de trazer à cena espaços literários bastante marginais no âmbito da reflexão literária contemporânea no Brasil. Muito se pensa e se pensou sobre as características da identidade brasileira derivadas de nossa antiga condição de colônia de Portugal. Todavia, ainda há pouco interesse em se comparar o nosso processo colonial com o que aconteceu com as outras possessões portuguesas. É evidente o quanto a reflexão sobre a condição colonial brasileira ganharia com tal empreitada, já que temos aí procedimentos de dominação similares em espaços culturais distintos, fazendo com que o confronto de tais espaços ressalte suas respectivas peculiaridades.

Se, no que diz respeito à África, já começam a aparecer de forma sistemática trabalhos comparativos, no que concerne às ex-colônias portuguesas do Oriente muito pouco se tem feito, à exceção de um ou outro trabalho pioneiro, como é o caso dos estudos efetuados pela professora Benilde Justo Caniato, que teve a gentileza de colaborar nesta publicação.

Esperamos que este livro possa auxiliar a reflexão literária nacional, se não para sedimentar, como gostaríamos, um novo paradigma na reflexão sobre a condição literária das ex-colônias portuguesas, ao menos para chamar a atenção para a existência de literatura naquelas localidades e para a importância de refletirmos sobre ela, a exemplo de um Denis ou de um Garrett, que um dia chamaram a atenção da Europa para a existência e importância da literatura brasileira.

Hélder Garmes
São Paulo, 5 de junho de 2004

Origem e estabelecimento da imprensa e da literatura em Goa

Hélder Garmes

A atividade da imprensa teve um papel inaugural na formação de certo público leitor real e presumível nas colônias portuguesas. Isso, entretanto, não se deu de modo linear e muito menos de modo homogêneo. Foi, sim, marcado por períodos produtivos e por rupturas, já que houve maior investimento na imprensa em certas regiões coloniais do que em outras, de acordo com os interesses comerciais ou militares do Estado português.

O Oriente português logo passou a imprimir seus próprios folhetos. Já Brasil e África ficaram praticamente por três séculos sem nenhuma possibilidade de fazê-lo. A imprensa só apareceu em Angola em 1845; em Moçambique, em 1854; em São Tomé e Príncipe, em 1857; e na Guiné, em 1883. No Brasil, a imprensa surgiu oficialmente após 1808, com a chegada da família real, mas já em meados do século XVIII, como se lê em Nelson Werneck Sodré (1966, p.20), o português Antônio Isidoro da Fonseca teria impresso alguns trabalhos por encomenda. De qualquer modo, a imprensa brasileira, assim como a de todas as regiões luso-africanas, só teve existência efetiva no século XIX; e, dentre as luso-africanas, algumas só chegaram a tomar corpo no século XX.

A primeira obra impressa pelos portugueses em Macau data de 1590 e intitula-se *De Missione Legatorum Japonensium ad Romanam Curiam, rebusque in Europa ac toto in itinere animadversis, Dialogus, & c.* Originalmente escrita em japonês, teve ela essa versão em latim.

16   Oriente, engenho e arte

Relata a missão e viagem de uma embaixada cristã japonesa ao papa Gregório XIII.[1]

A imprensa de Goa, porém, foi certamente a mais antiga e mais ativa das imprensas coloniais, justamente por ser a sede do governo português no Oriente. Façamos, pois, aqui, um estudo mais detido dos descaminhos que a imprensa goesa apresentou até o século XIX, sabendo que Macau viveu um processo similar e que as outras colônias só tiveram efetivamente imprensa nesse período. Com isso, pretendemos ilustrar a relação entre as colônias e a metrópole no que concerne à difusão da imprensa, retomando em especial o cenário político, que esteve sempre vivamente representado naqueles pequenos, mas, por vezes, agitados espaços coloniais.

A primeira prensa saída de Portugal para as colônias fora inicialmente destinada à Abissínia. Era um presente de D. João III ao suposto rei cristão da Etiópia, Preste João. No entanto, ao passo que João Nunes Barreto encaminhava no ano de 1556 o real presente a seu destino, um novo monarca etíope havia ascendido ao trono e proibido a entrada de missionários cristãos, ficando a máquina impressora na cidade de Goa, mais exatamente no Colégio de São Paulo, que acabara de ser criado no ano anterior por ordem real (cf. Saldanha, 1956; Lopes, 1971, p.37). Assim, naquele mesmo ano, são estampadas as *Conclusiones philosophicas*, primeira publicação portuguesa em solo indiano.[2] Foram editadas pelo impressor espanhol

---

1 A primeira obra escrita em e sobre Macau foi a de Fr. Paulo da Trindade, macaense, que redigiu entre 1630 e 1636 *Conquista espiritual do Oriente*, texto por muito tempo mantido inédito na Biblioteca do Vaticano. Ainda no século XVII, mais precisamente em 1690, foi publicado *O vergel de plantas e de flores da província da madre de Deus dos Capuchos da Índia oriental*, de Fr. Jacinto de Deus, que utilizou como uma de suas fontes o texto de Fr. Paulo de Trindade (Azevedo, 1984, p.37).

2 Há longa polêmica sobre qual teria sido a primeira publicação em Goa. Devi & Sebra (1971, p.90-1) sintetizam as diversas hipóteses em questão, sem, contudo, referirem-se ao artigo de Fernandes (1935), que parece apresentar as considerações mais avançadas e devidamente documentadas do debate.

João Bustamante, natural de Valência, que acompanhara João Nunes Barreto na viagem até a Abissínia.

Bustamante estabeleceu-se em Goa e acabou ordenando-se sacerdote no próprio Colégio de São Paulo, em 1584. Além dele, o nome de outros dois impressores – e, portanto, talvez de duas outras tipografias – aparecem nesses anos: João de Enden e João Quinqüênio. Haveria ainda a tipografia de João Blávio, natural de Colônia, que tinha uma oficina em Lisboa e outra nas Índias, havendo sido esta arrendada, em 1564, a Francisco Correa.

Segundo Leão Crisóstomo Fernandes (1935, p.54), porém, em

> todos os livros impressos em Goa na segunda metade do século XVI vêm nomeados como impressores João de Enden e João Quinqüênio, e nenhuma carta dos missionários do Oriente, que são para aquele tempo a melhor fonte histórica, refere-se à vinda de algum impressor com estes nomes (...).

Supõe, pois, que João de Enden e João Quinqüênio fossem somente pseudônimos de João Bustamante. Acreditando também que João Blávio jamais chegou a usufruir da autorização concedida pelo rei para imprimir livros em Goa, Fernandes (1935, p.83-5) conclui que Bustamante foi o único impressor naquelas paragens durante o século XVI.

O fato é que, independentemente do número de impressores e tipografias, a imprensa estabeleceu-se com vitalidade em Goa, com expressão em português e em línguas regionais. Em 1554, ainda na Europa, imprimiu-se o primeiro livro em língua indiana: a *Carta que contem breuemente ho q todo christão deue aprender pera sua salvação. A qual elRey dom Johão terceiro deste nome nosso Senhor mandou imprimir em lingua Tamul e Portugues cõ a decraraçam por cima de vermelho.* Em 1557, publicou-se o *Catecismo da doutrina cristã,* de Francisco Xavier, que, em 1577, saiu em língua malabar, com tipos fundidos pelo irmão

18 Oriente, engenho e arte

João Gonçalves. No ano seguinte, o padre João de Faria fundiu caracteres em tamul, com os quais imprimiu o *Flos-Sanctorum*, "copioso confessionário e outros livros" (Gracias, 1880 p.70; cf. Devi & Seabra, 1971, p.92), por meio do qual os padres aprendiam a ler e escrever. No início do século XVII, foi publicado o *Purâna*, de Thomas Estêvão, que alcançou grande popularidade entre os goeses por ser redigido em versos e em concanim (língua também conhecida por camerim). Diversas outras regiões da Índia passaram a ter sua própria oficina impressora, publicando nas diversas línguas regionais.

Assim, a imprensa goesa, além de ser uma das ramificações da imprensa portuguesa no mundo, integrou-se ao fenômeno do estabelecimento e da expansão da imprensa de Gutenberg na Índia. Se é verdade que os indianos conheciam formas de impressão muito antes dos povos ocidentais, a imprensa tipográfica, que permite maior escala de produção, chegou ali pela primeira vez por intermédio dos jesuítas portugueses.

Grande parte das obras literárias indo-portuguesas, no entanto, foi publicada na metrópole. Em 1563, por exemplo, apareceu em Lisboa o *Tratado que compôs o nobre e notauel capitão Antônio Galuão, dos diuersos e desuayrados caminhos por onde nos tempos passados a pimenta e especearia veyo da india ás nossas partes...*[3], considerado por Devi & Seabra (1971) o texto fundador daquela literatura.

De 1573 a 1634, houve um hiato nas publicações da tipografia do Colégio de São Paulo, local que logo passou a ser denominado

---

3 *(...) e assi de todos os descobrimentos antigos e modernos, que são feitos ate a era de mil e quinhentos e cincoenta. Com os nomes particulares das pessoas que os fizeram: e em que tempos e as suas alturas, obra certa muy notauel e copiosa.* Antônio Galvão era filho de Duarte Galvão – o sucessor de Fernão Lopes no cargo de cronista da corte – e muito provavelmente nascido no Oriente. Autor também da *História das molucas, da natureza, e descobrimento daquellas terras dividida em 10 livros*, que se perdeu (cf. Devi & Seabra, 1971, p.104-5).

São Paulo-o-Velho.[4] Supõe-se que a causa tenha sido a mudança da instituição para outro edifício, sendo a máquina impressora primeiramente instalada na Casa Professa do Bom Jesus e depois no antigo Colégio de São Roque, que passou a denominar-se *São Paulo-o-Novo* (Fernandes, 1935, p.85). Isso justifica, ao menos em parte, o silêncio em que se manteve a imprensa goesa de 1574 a 1615, já que uma de suas máquinas impressoras – se não a única, caso seja aceita a tese de Fernandes – manteve-se parada.

Nesse ínterim, em Lisboa, foram publicados mais dois textos de fundamental importância para os primórdios da história da literatura indo-portuguesa: em 1585, a *Hystoria dos cercos...*[5], de Jorge de Lemose; e, em 1607, a *Lusitania transformada...*,[6] de Fernão Álvares do Oriente.

Durante o século XVII, funcionou, além da pioneira máquina então situada no Colégio São Paulo-o-Novo, uma outra, nova, posta a funcionar no colégio dos jesuítas de Rachol a partir de 1618.[7] Sobre a segunda metade dos seiscentos e praticamente sobre todo o século XVIII, pouquíssimo se sabe a respeito da imprensa em Goa. Ou o

---

4 A última obra do primeiro momento da imprensa goesa de que se tem notícia é *Desenganos de perdidos*, do arcebispo D. Gaspar, publicada em 1573 e proscrita em 1581, figurando no índex expurgatório deste ano.

5 (...) *que em tempo de Antonio Moniz Barreto Governador que foi dos estados da India, os Achens, e Iaos puserão â fortaleza de Malaca, sendo Tristão Vaz da Veiga capitão della. Breuemente composta por Iorge de Lemos* (Devi & Seabra, 1971, p.105).

6 (...) *Composta por Fernão d'Aluarez do Oriente. Dirigida ao Illustrissimo e muy Excellente Senhor, Dom Miguel de Menezes, Marquez de Villa Real, Conde d'Alcoutim e de Valença, senhor d'Almeida, Capitão mor e Gouernador de Ceita* (Devi & Seabra, 1971, p.106-7).

7 Interessa para as relações entre as literaturas de língua portuguesa notificar que em 1627 aparece o manuscrito do goense Antônio Gil Preto, cronista do Estado da Índia, intitulado *Breve relação da viagem que fez para a India o ano de 1627, arribada ao Brasil, e chegada a Goa da Náo Almirante S. Pedro de Rates, morte do Arcebispo D. Fr. Chirstovaõ da Silveyra, vida, e acçoens do mesmo Arcebispo*, que se encontrava em 1747, segundo Barbosa Machado, na biblioteca do Convento de N. S. da Graça dos Eremitas de Santo Agostinho (Devi & Seabra, 1971, p.122).

20 Oriente, engenho e arte

rigor repressivo da Inquisição teria proibido grande parte das publicações, ou as possíveis publicações desse período teriam sido destruídas no período pombalino sem deixar nenhum vestígio (a hipótese mais improvável), ou ainda teria havido qualquer outro motivo de ordem prática ou regional que as teria inviabilizado. O fato é que, em 20 de março de 1754, quando Pombal proibiu a imprensa em Goa, somente o fez em razão de pedidos dos goeses para ali se estabelecer uma imprensa, denotando, portanto, sua efetiva inexistência.[8]

Em 1774, Pombal extinguiu o tribunal da Inquisição e determinou que todos os cargos religiosos, administrativos e mesmo militares deveriam ser ocupados por naturais ou seus descendentes, fazendo com que os brâmanes católicos ascendessem em todos os níveis sociais.

Após a morte de D. José e a queda de Pombal, ocorreu a Conjuração de 1787,[9] e os brâmanes foram depostos e condenados a pesadíssimas penas, como as de morte e esquartejamento, tal qual ocorreria na Inconfidência Mineira, no Brasil. Entre os conjurados, encontrava-se o padre Caetano Vitorino de Faria, pai de José Custódio de Faria. O padre Caetano foi preso em Portugal, quando da

---

8 Diogo de Mendonça Corte-Real, secretário do Estado, escrevia ao vice-rei conde de Alva em 1754: "Illmo. E exmo. snr. A S. Magestade se fizeram algumas representações em que se pretendia estabelecer nesse estado algumas imprensas para imprimir livros, ao que o mesmo senhor não deferio, e me ordena avise a v. exa. que não consinta estabelecimento algum das ditas imprensas nesse Estado, não só em particulares, como tambem nos Conventos, Collegios, ou qualquer outra comunidade, por mais previlegiada que seja; o que participo a v. ex.a para que neste particular ponha o maior cuidado em ordem a que se evite o dito estabelecimento. Deos guarde v. exa. Lisboa 20 de março de 1754" (*Livro das monções* n.127, f. 415 [51], apud Gracias, 1880, p.71).

9 Segundo Saldanha (1990, p.225): "no dia 5 de Agosto de 1787, Antônio Eugénio Toscano, escrivão da comunidade de Aldoná, veio denunciar ao governador que uns clérigos intentavam sublevar os naturaes da terra para expulsarem dela os europeus e contituírem-se em governo independente". Dos 26 acusados, 15 foram condenados à morte, cinco a degredo, cinco à pena de açoites e apenas um foi absolvido.

Origem e estabelecimento da imprensa e da literatura em Goa   21

denúncia da suposta insurreição, enquanto seu filho, também padre, fugia para a França, onde participou ativamente na Revolução de 1789, colaborando para delinear, como observa Saldanha (1990, p.229), aquele "extraordinário tipo de padre, magnetizador, físico, professor e revolucionário" que inspirou a Alexandre Dumas um dos principais personagens de O conde de Monte Cristo.

Lembremos que, por esses anos, Bocage encontrava-se em Goa.[10] Tendo vivido na Índia por dois anos, elaborou muitas composições inspiradas naquela realidade mesclada de cristianismo e hinduísmo, satirizando o provinciano desejo de nobreza das famílias de origem portuguesa – por conta dos supostos atos heróicos de seus antepassados – ali estabelecidas e empobrecidas.

Da passagem do século XVIII para o XIX até o final do primeiro quartel oitocentista, não ocorre grande produção periódica nem mesmo em Portugal, por causa dos rigores da censura que por esses anos vigorou.

Nesse momento, Goa é invadida por tropas inglesas, que diziam pretender a defesa daquele território da ocupação francesa. Primeiramente pelo marquês de Wellesley, depois por lorde Minto, a Índia portuguesa permaneceu ocupada pelos britânicos de 1799 a 1810. Se Damão e Diu ainda mantinham um tradicional comércio com Moçambique, os negócios de Goa com a metrópole encontravam-se bastante reduzidos. Em 1803, por exemplo, somente uma sociedade

---

10 "Manoel Maria Barbosa Hedois du Bocage, natural de Setubal, da idade de 21 anos, veio à Índia na monção de 1786 junto com o governador Francisco da Cunha Menezes, despachado no posto de guarda-marinha. No ano de 1787 matriculou-se na antiga aula real da marinha de Goa, mas não fez exame por causa legítima; repetiu a matrícula no ano imediato e não freqüentou as lições. Em 25 de Fevereiro de 1789 foi nomeado pelo dito governador tenente de infantaria do regimento de Damão, para onde foi em 8 de Março subseqüente. Dois dias depois de chegar àquela praça, ausentou-se sem motivo, nem participação ao comandante, sabendo-se muito depois que se dirigira para Macau, donde regressou a Lisboa" (Saldanha, 1990, p.230).

22 Oriente, engenho e arte

lisboeta – a Colffs, Loureiro e Guimarães – ainda enviava à Índia um navio anualmente. Tudo isso resultou na paulatina integração de Goa ao sistema econômico britânico.

Não há nenhum registro sobre as possíveis publicações desse período. É provável, e mesmo certo, que tenham existido. De qualquer maneira, seu volume e expressão devem ter sido muito pequenos até a ascensão dos liberais, já na década de 1820.

Segundo Devi & Seabra (1971), já desde o século XVIII e, mais acentuadamente, durante o XIX, três grupos disputaram o poder: 1. os "europeus", isto é, os portugueses que se dirigiam a Goa para ocupar cargos políticos e administrativos e que possuíam vínculo quase exclusivo com a metrópole, detendo a maior parte do poder em suas mãos; 2. os "descendentes" dos portugueses já estabelecidos em Goa, miscigenados com a população local, que também detinham forte poder político, com interesses vinculados aos privilégios advindos dos cargos públicos; e 3. os brâmanes[11] católicos, cristãos oriundos de famílias brâmanes convertidas, que conciliavam o hinduísmo com o cristianismo e que tinham, na maior parte das disputas, o apoio dos chardós[12] (ou chatrias). Adotaremos tal

---

11 Não há correspondência entre a divisão de classes sociais ocidental e a distinção de castas do hinduísmo, mas podemos aproximar os brâmanes à comunidade de intelectuais do Ocidente.

12 Notemos que os chardós formam tradicionalmente a segunda casta em importância na sociedade hindu, mas não se reconhecem nessa condição secundária. A tradição teológica corrente afirma que os brâmanes teriam origem na boca de Brahma e seriam, portanto, seus sacerdotes, enquanto os chardós teriam advindo de seus braços e seriam seus guerreiros. De acordo, porém, com outra tradição sobre a origem das populações indianas, os chardós seriam de fato guerreiros, mas daqueles povos arianos que tentaram sem sucesso defender o território da invasão dos brâmanes, isto é, dos ataques do célebre Purasumâra. Dessa perspectiva, ainda que se alinhassem circunstancialmente com os brâmanes, a rigor consideravam estes, como os portugueses e descendentes, estrangeiros àquelas paragens.

Origem e estabelecimento da imprensa e da literatura em Goa   23

segmentação da sociedade goesa apenas para situarmo-nos no extremamente complexo quadro político-cultural de Goa, conscientes, todavia, de haver aí uma simplificação das relações e dos conflitos culturais, de castas e de classes efetivamente presentes nos diversos e sobrepostos segmentos sociais daquela comunidade.

Em 1821, após o constitucionalismo implantar-se no império lusitano, em Goa o então vice-rei e capitão-geral D. Diogo de Souza, conde do Rio Pardo, foi deposto e feito prisioneiro, exilando-se posteriormente em Bombaim e, depois, retirando-se para a corte no Brasil. Assumiu uma junta provisional de cinco membros[13] eleitos pela população, seguindo a orientação das cortes que funcionavam em Lisboa naqueles anos. Por ser, porém, uma articulação dos europeus, devido à pressão dos descendentes e brâmanes católicos, a junta foi desfeita e elegeu-se uma nova. Nessa, os brâmanes católicos conseguiram conquistar espaço, elegendo dois de seus membros. Os descendentes reagiram e conseguiram substituir um dos membros da junta por um seu correligionário.[14]

Nesse ínterim, D. Manuel da Câmara chegou de Portugal para ocupar o cargo de governador de Goa, mas teve de dividir seus poderes com a segunda junta. De Bombaim veio uma máquina impressora para que fosse publicada a *Gazeta de Goa*. Seu primeiro número saiu em 22 de dezembro de 1821. Contou inicialmente, como redator, com o físico-mor Antônio José de Lima Leitão, libe-

---

13 Membros da junta: Manuel Godinho da Mira, Joaquim Manuel Corrêa da Silva e Gama, Manuel José Gomes Loureiro, Gonçalo de Magalhães Teixeira Pinto e Manuel Duarte Leitão.

14 Membros da segunda junta: o arcebispo de Cranganor D. Fr. Paulo de Aquino, o brigadeiro A. J. de Mello Souto-Maior Telles, o desembargador João Carlos Leal e o doutor Lima Leitão. Logo Lima Leitão é substituído por Joaquim Mourão Garcez Palha, por força dos descendentes.

24 Oriente, engenho e arte

ral inflamado. Em breve, a direção do periódico passou para o oficial maior da Secretaria do Governo Geral, Luiz Prates de Almeida Albuquerque, que acabou por ser assassinado por membros do Exército, este constituído em grande parte por "descendentes". D. Manuel da Câmara retirou-se para Sunquerim, em Carwar, sob a proteção do governo britânico.

Em 1823, em razão do retorno de D. João VI a Portugal e da restauração do absolutismo, as cortes foram dissolvidas e, no ano seguinte, D. Manuel da Câmara passou a ser vice-rei das Índias, de acordo com as antigas normas. A *Gazeta de Goa* continuou a ser publicada, então sob a direção de José Aniceto da Silva, ferrenho opositor dos liberais.

D. Manuel da Câmara morreu em 1825 de grave enfermidade. Nomeou-se, então, D. Manuel de Portugal e Castro para governar a Índia portuguesa, sendo a *Gazeta de Goa* considerada desnecessária e suspensa após a edição de 29 de agosto de 1826. Com a ascensão de D. Miguel em Portugal e a irrupção dos conflitos que se seguiram a sua queda, recrudesceu a repressão à imprensa e até 1834 não surgiu em Goa nenhuma publicação periódica que viesse tomar o lugar da antiga gazeta. Em Bombaim, porém, apareceu em 1831 o semanário político e liberal *Mensageiro Bombayense* (17 março 1831 – 26 janeiro 1832). Mas nem por isso a elite política goesa deixou de atuar. Tomemos a trajetória de um brâmane que teve papel crucial na política desses anos:

> Bernardo Peres da Silva surgiu na arena política em 1821, seguindo o grupo liberal. Mas não aceitou qualquer cargo. Em 1822, no entanto, foi eleito deputado, juntamente com outro brâmane, Constâncio Roque da Costa, e ambos seguiram para Lisboa. A viagem, porém, foi tão trabalhosa e demorada que quando chegaram tinha sido restabelecido o regime absoluto. Regressou, por isso, à Índia, onde em 1827, ao ser restabelecido o liberalismo, voltou a ser eleito

Origem e estabelecimento da imprensa e da literatura em Goa   25

deputado. De novo seguiu para Lisboa, onde de novo estava já D. Miguel no trono. Exilou-se então e viveu primeiro em Inglaterra e depois no Brasil, regressando a Portugal em 1834, ao subir ao Trono D. Pedro IV (Devi & Seabra, 1971, p.137).

Enquanto esteve no Brasil, publicou um *Diálogo entre um doutor em philosophia, e um portuguez da Índia na cidade de Lisboa, sobre a Constituição política do reino de Portugal, e meios de mantel-a. Dedicado à mocidade da Índia* (Rio de Janeiro, 1832). Em janeiro de 1835, tendo em vista a definitiva vitória dos liberais em Portugal, Bernardo Peres da Silva, deputado goês na metrópole e brâmane católico, foi nomeado governador dos Estados da Índia. Foi um momento de extrema glória para os brâmanes católicos, mas, também, bastante fugaz: durou somente 17 dias. Peres foi deposto pelos militares e exilado em Damão, assumindo novamente D. Manuel de Portugal.

De Damão, Bernardo da Silva Peres passou a encabeçar o perismo (de Peres), defendido por algumas publicações periódicas, tais como *O Portuguez em Damão* (18 julho – 8 agosto 1835)[15] e o semanário *A Sentinella da Liberdade na Guarita de Damão*[16] (4 setembro – 16 dezembro 1837), este redigido por João de Sousa Machado e litografado na oficina de Gustavo Henrique Oom.

Também em Goa surgiu, em defesa do liberalismo, *O Constitucional de Goa* (18 junho – 3 setembro 1835), semanário manuscrito[17] redigido por João de Sousa Machado. Mas foi em Bombaim que os emigrados portugueses constituíram a mais forte imprensa liberal, com *O Investigador Portuguez em Bombaim* (Bombaim, 6 agosto 1835 –

---

15 Deixou de existir quando surgiu *O Investigador Portuguez em Bombaim.*

16 Publicou somente 11 números, tendo-se extinguido juntamente com a prefeitura.

17 Dependendo de amanuenses que fizessem cópias para sua divulgação, o periódico tinha evidentemente um alcance limitado, mas publicou ao menos o primeiro exemplar.

26 Oriente, engenho e arte

28 dezembro 1837), redigido por José Valerio Capella – o mais significativo órgão de defesa do perismo. Seu título tem nítida inspiração no *Investigador Português em Inglaterra* (1811-1818), periódico que cumpriu importante papel na formação da consciência liberal vintista. Mas O *Investigador* logo seria substituído pelo semanário O *Pregoeiro da Liberdade* (Bombaim, 6 janeiro 1838 – 8 junho 1846), redigido por Antônio Simeão Pereira.

Como já foi observado, tal qual o papel representado em Portugal anos antes pelos emigrados portugueses liberais na França e na Inglaterra, os goeses liberais da colônia britânica de Bombaim tiveram presença constante e mesmo determinante na política do reino português da Índia (cf. Miranda, 1863, p.103).

Defendendo as posições do governo, encontrava-se a *Chronica Constitucional de Goa*, (13 junho 1835 – 30 novembro 1837), semanário dirigido pelo mesmo José Aniceto da Silva, que dirigira a *Gazeta de Goa* quando os liberais a perderam, fazendo pesada campanha contra o perismo. A *Chronica* foi substituída sem interrupção, sob o governo de Simão Infante de Lacerda, como órgão da situação, pelo *Boletim do Governo do Estado da India*, (7 dezembro 1837 – 30 abril 1880), redigido por uma comissão formada por Antônio Mariano de Azevedo, Caetano João Peres e Caetano Francisco Pereira Garcez, publicação que teve vida longa e periodicidade variada. De grande importância para o registro da história das colônias, devido a sua longa e ampla sobrevivência, os boletins das colônias foram instituídos em 7 de dezembro de 1836 por decreto do ministro Vieira de Castro, mas efetivamente criados a partir do ano seguinte, sendo o de Goa a experiência pioneira.[18]

---

18 O boletim de Macau só foi criado em 5 de setembro de 1838 e os da África ainda mais tarde (cf. Lopes, 1971, p.14).

Entre as diversas publicações políticas, surgiram por essa época os *Appensos ao Boletim do Governo* (22 maio 1844 – fins de 1845), que no ano seguinte transformaram-se no *Jornal da Santa Igreja Lusitana do Oriente* (janeiro 1846 – março 1849), inaugurando a imprensa de caráter religioso. Eram redigidos pelo arcebispo D. José Maria da Silva Torres, defensor do padroado, que se opunha à folha propagandista *Bombay Catholic Examiner*. Mais tarde apareceram *O Defensor da Ordem e da Verdade* (Nova Goa, 24 a 31 de agosto 1853) e *O Defensor do Real Padroado* (Nova Goa, 1º setembro 1853 – março 1854), este com redação de José Antônio de Oliveira, Fillipe Nery Xavier e outros. O fato é que o padroado português perdeu mais e mais terreno frente à Igreja de Roma e Goa acabou por não mais receber financiamento missionário.[19]

Em 1854 teve lugar uma abusiva demonstração de poder das Forças Armadas. Em razão da morte de um capitão num distúrbio eleitoral, o exército saiu em marcha para arrasar a Ilha da Piedade, onde o caso ocorreu. O episódio pôs em evidência o quanto Goa, apesar do verniz liberal, continuava a ser eminentemente um Estado militar.

O ano de 1859 foi muito importante para a história do jornalismo em Goa, marcando o início do funcionamento da primeira imprensa privada no Oriente português. Até então, todos os periódicos[20]

---

19 Em Bombaim despontam os semanários políticos *India Imparcial* (16 agosto 1843 – 9 fevereiro 1844), redigido por Antônio Filippe Rodrigues, e o *Observador* (4 julho 1846 – 12 setembro 1848), outro editado por Antônio Simeão Pereira. Em 1848, dez anos depois de desaparecido *O Pregoeiro da Liberdade*, surge *A Abelha de Bombaim*, "Semanario Politico, Litterario e Commercial", impresso em tipografia própria. 'Era um novo hebdomadário dirigido por Luiz Caetano de Menezes e que fez o papel de verdadeira oposição ao governo por mais de uma década, desaparecendo apenas em 31 de agosto de 1861, quando morre seu redator. Gracias (1880, p.99) afirma que o periódico continuava em 1880.

20 À exceção daqueles publicados em Bombaim.

28   Oriente, engenho e arte

– liberais, conservadores, literários, religiosos etc. – eram impressos numa única máquina tipográfica: a da Imprensa Nacional, em Nova Goa, ou Pangim, como era conhecida pelos goeses. Estavam, portanto, intrinsecamente sujeitos ao jogo de forças políticas.

O surgimento, em Margão, de O Ultramar (6 abril 1859 – 1941) veio trazer um novo e estrutural elemento ao cenário político e cultural goês, uma vez que foi tanto o primeiro periódico a não se submeter diretamente às intempéries do governo central, como também o primeiro órgão de imprensa dos brâmanes católicos. De propriedade de Bernardo Francisco da Costa,[21] passando, a partir de 1867, a seu irmão, Anastácio Bruto da Costa – e depois a diversos outros –, foi um dos periódicos goeses de maior duração, em razão, provavelmente, de sua autonomia em relação ao apoio governamental.

Começou, então, o momento de instalação de novas tipografias. Logo em 1861 apareceu o semanário político A India Portugueza (4 janeiro 1861 – ao menos até 1871), redigido por Manuel Lourenço de Miranda Franco, impresso também em Margão e em tipografia própria que se mudou para Orlim, em Salcete, em 1864, passando em 1866 a redação do periódico para José Ignácio de Loyola.[22] Era um periódico redigido por chardós, que aparecia para fazer frente a O Ultramar. Apesar de alinharem-se com os brâmanes nas disputas contra europeus e descendentes, os chardós passaram a afirmar sua identidade e a distinguir-se radicalmente dos brâmanes.

---

21 Bernardo Francisco da Costa foi lente de ciências físico-químicas e história natural na antiga escola matemática e militar de Goa, reitor do Liceu, inspetor dos estudos na Índia, advogado, deputado, jornalista, fundador do Montepio Geral de Goa, introdutor da máquina de moagem de cana, de extração de óleo de coco etc.

22 José Ignácio de Loyola possuía especial interesse pela agricultura, imprimindo-o ao periódico. A família Loyola, apesar de ter deixado a direção do jornal, manteve-se por muito tempo como proprietária da tipografia de A India Portugueza.

Segue-lhe *A Fênix de Goa*[23] (Mapuça, 6 abril 1861 - 30 dezembro 1862), também um semanário político publicado em tipografia própria, transferida em setembro de 1861 para a aldeia de Calangute, da mesma província de Bardez, tendo por redator Diogo Aleixo Antônio de Goes e outros. Outros semanários políticos vieram à luz nesses anos, como *A Harmonia* (Nova Goa, 12 abril 1862 - 27 outubro 1864), também literário, redigido por Gustavo Adolfo de Frias, e *A Aurora de Goa* (Calangute, 6 janeiro 1863 - 15 julho 1865), publicado na tipografia de *A Phenix de Goa* e redigido por Antônio Faustino dos Santos Crespo, que em 1862 fora o colaborador mais assíduo de *A Phenix*. A partir de setembro de 1864, *A Aurora* passou a ser publicada em Nova Goa, para onde foi transferida a tipografia.

No início da década de 1860, em Bombaim, teve lugar o surgimento de periódicos bilíngües – em português e inglês –, como foi o caso do hebdomadário político *O Patriota*[24] (1860) e do periódico político, literário e comercial *A Estrella do Norte* (9 novembro 1862 - julho 1864), tendo por redator José Antônio de Viveiros, natural de Bombaim, e impresso na Mercantile Press. Houve ainda *O Anglo-Português* (3 março 1866 - 26 janeiro 1867), redigido na parte portuguesa por João Filipe de Golvea, e que, em 9 de fevereiro de 1867, reapareceu sob a redação de Manuel Pedro de Sousa Franklin, natural de Goa, encerrando sua publicação no mesmo ano, possivelmente em 12 de outubro.[25]

---

23 Com 88 exemplares. Em 1862, o colaborador mais assíduo foi Antônio Faustino dos Santos Crespo.

24 O número 3 de 1860 foi impresso na Imprensa Nacional em Goa, tendo por redator Vicente Luís da Silva, natural de Bombaim.

25 A imprensa política não arrefece na colônia britânica e surgem: *O Português de Bombaim* (24 março – setembro 1863), tendo por redator Luís Corrêa da Silva; *O Echo de Bombaim* (6 junho 1863 – 25 maio 1864), redigido por Miguel de Sousa, natural de Bombaim; o semanário *A Sentinela da Liberdade* (7 outubro 1864 – 31 dezembro 69), impresso na aldeia de Benaulim (Salcete) em tipografia própria; e também um segundo periódico com o título de *O Patriota* (7 abril 1866 – 1867).

30 Oriente, engenho e arte

Em 1870, decretou-se a reorganização militar do Exército de Goa, que foi mal recebida pelos seus integrantes; no ano seguinte, o Exército foi definitivamente extinto.

Este golpe mortal, pondo termo ao prevalecimento da mentalidade militar em Goa, assim como a liberdade de expressão trazida pelo liberalismo, vieram alterar completamente o caráter da sociedade goesa, deixando campo livre aos goeses indianos, que desde o início do século se agitavam em busca de uma expressão própria (Devi & Seabra, 1971, p.139).[26]

Com isso, a presença portuguesa em Goa começou a enfraquecer significativamente, quer financeira, quer política, quer culturalmente. Em 1886, foi inaugurada a Tipografia Rangel, fundada por Vicente João Janin Rangel, talvez a mais importante tipografia da história goesa, publicando, na primeira metade do século XX, diversas obras importantes para a afirmação da identidade indo-portuguesa.

Já para o final do século XIX, de 2 de dezembro de 1895 a 9 de setembro de 1897, esteve proibida a imprensa periódica em Goa, restando apenas o *Boletim Oficial* (Lopes, 1971, p.10). Nesse momento, a imprensa diária em Goa tinha já um considerável público e estava definitivamente estabelecida. As preocupações voltavam-se, por um lado, para a modernização e internacionalização[27] crescentes das relações econômicas e culturais e, por outro, para uma retomada

---

26 Retirados os descendentes, acirra-se a disputa entre brâmanes e chardós. Disputa que arrefeceu à medida que se dividiram e equilibraram as forças entre os dois grupos. Com a conquista cada vez maior de espaço na sociedade goesa e tendo por marco principal o periódico *Luz do Oriente* (1906), o hinduísmo, no início do século XX, foi revalorizado por parte dos goeses cristãos.

27 Em 1880 teve início o tratado luso-anglo-indiano, que se findou em 1892. Durante o tratado, foram abolidas as tarifas aduaneiras e foi construída a estrada de ferro que sai de Mormugão seguindo para o interior do continente – obra que endividou consideravelmente o governo local.

do hinduísmo, até então rejeitado pelas elites portuguesas. Mesmo que ainda profundamente atada a questões mal resolvidas no século que findava – como era o caso do próprio ensino e valor do idioma português –, começava um novo momento para a história da identidade indo-portuguesa, que extrapola os interesses deste trabalho.

Origem do jornalismo literário e da ilustração em Goa

O periódico literário português O *Panorama* (1837-1868), inicialmente dirigido por Alexandre Herculano, foi um forte paradigma de publicação literária e de ilustração tanto para os portugueses como para os brasileiros. O paradigma também chegou às colônias e serviu de modelo para as publicações que primeiramente ali se fizeram. Isso se deu de modo mais notório em Goa, que durante o século XIX viveu um amplo e diversificado surto de periódicos. Segundo Devi & Seabra (1971, p.134), o século XIX foi,

> na verdade, da maior importância para as letras goesas, coincidindo com o remoinho de novas descobertas em todos os domínios das ciências e das artes, que da Europa, naturalmente, passavam à Índia, contribuindo muito para estimular os Goeses na busca de uma definição mais precisa da sua consciência como singularidade cultural.

Tal singularidade, como observamos, nem sempre significava a expressão da totalidade da comunidade goesa, mas ainda assim era parte importante dela e ganhou forma e expressão nos periódicos literários e de ilustração. A primeira publicação do gênero na Índia portuguesa foi A *Bibliotheca de Goa* (Goa, janeiro, 1839), que teve vida curtíssima e nem chegou a constituir de fato um periódico, publicando um único exemplar, redigido por João Antônio d'Avelar e outros, e que infelizmente não pudemos ter em mãos.

32 Oriente, engenho e arte

Em seguida, entrou em cena O *Encyclopedico – Jornal d'Instrucção e Recreio* (31 julho 1841 – 30 junho 1842), editado mensalmente e dirigido por Cláudio Lagrange Monteiro Barbuda. Fora, segundo Miranda (1863, p.110), "o pequeno *Panorama* da litteratura indiana". E, de fato, pudemos constatá-lo no texto introdutório do periódico. Os redatores, após delinearem um rápido e interessante resumo da história das publicações periódicas na Europa e em Portugal, comentam as de teor literário e confrontam as do século XVIII e XIX, notando o desenvolvimento cada vez maior de um caráter mais leve e descontraído, de recreio e utilidade, em tais publicações. Discorrem, então, sobre as diretrizes do periódico:

> Desejando ajudar, quanto em nós he, o progresso moral da sociedade, em que vivemos, O *Encyclopedico* promete extrahir dos jornaes Portuguezes, e d'alguns estrangeiros, os artigos que dão conta de trabalhos, ideaes e invenções uteis, e que forem tão recommendaveis pela materia, como pela forma. E não nos esqueceremos do que a experiencia ensinou a hum dos nossos mais distinctos Escriptores contemporaneos, que dividiu os leitores em tres classes, das quaes a mais numerosa he a daquelles, que gostam d'instruir-se recreando-se. *Utile dulci.* (O *Encyclopedico*, 1841, p.3)*

É uma referência direta às três classes de leitores que Herculano definira no texto de abertura de O *Panorama*.[28] O título do perió-

---

* O autor e os editores optaram por manter as grafias originais dos documentos citados.

28 A primeira, "os que pretendem só instrucção, sem lhes importar a fórma"; a segunda, "é a mais numerosa, consta daquelles que gostam de instruir-se recreando-se"; a terceira, os que "buscam na leitura passatempo para matar o tedio, e a quem cousas singelas, claras, communs, ou frivolas só agradam. Aos assignantes" (O *Panorama*, v.2, n.36, p.1-2).

dico goês, assim como várias outras publicações que o antecederam,[29] reporta-nos imediatamente a uma publicação francesa de grande reputação, a *Revue Encyclopédique*, fundada em 1777, em Paris, e editada por H. Carnot e P. Leroux. Os redatores goeses, no entanto, referem-se somente ao *Jornal Encyclopedico* de 1799, de Lisboa, publicado por integrantes da Academia Real de Ciências. Se lembrarmos que alguns anos antes, mais exatamente em 1836-1837, publicava-se em Lisboa um *Jornal Encyclopedico*, podemos encontrar aí a referência historicamente mais próxima, porém não declarada dos redatores goeses. O periódico lisboeta de 1836 possuía, em linhas gerais, o mesmo formato de *O Panorama*, com textos diversificados, gravuras, apresentando, no entanto, tamanho de página menor que este, textos mais curtos e menos densos, com uma diagramação bem mais leve, tal qual o periódico goês.

Corroborando a relação com o *Jornal Encyclopedico*, temos a gravura subintitulada *Os gemeos de Siam*, estampada no primeiro número do periódico goês, que já aparecera exatamente no primeiro exemplar do periódico lisboeta de 1836. Além dessa, a gravura *A Esphinge*, de Bordallo, e o texto correspondente, "Monumentos do Egypto", estampados no segundo exemplar de 1841, haviam sido publicadas também no segundo exemplar do *Jornal Encyclopedico* metropolitano. Ao mesmo se passou com o texto e a gravura intitulados Barcelona. Importa ressaltar que o periódico lisboeta dava amplo espaço para a moda de vestuário feminino, com textos e gravuras sobre o assunto, no que não era acompanhado pelo goês. O fato aponta para a vontade dos goeses de – ainda que reproduzindo extratos de outros periódicos – manterem-se sempre próximos do modelo de *O Panorama*, que não chegava a abordar matérias consideradas fúteis.

---

29 Em 1788 aparecia em Lisboa um periódico com o título de *Jornal Encyclopedico*, logo surgindo outro em 1806, outro em 1820 e mais outro em 1836.

34 Oriente, engenho e arte

Geralmente não indicavam a fonte de onde se retiravam as matérias publicadas, porém, pelas gravuras e pelos textos correspondentes, logo se identificavam várias delas como extraídas de *O Panorama*.[30] Além disso, citaram-se textualmente como fontes o *Journal des Lundes, Jornal do Commercio do Rio de Janeiro, Jornal dos Amigos das Letras*,[31] A. C. de U., C. L., *Revue de Paris, F. F., Ann. Hist., O Artil., Journal des Villes et des Compagnes* e *Man. d'Économie Domestique*. Também foram transcritos textos da *Encyclipedia Portugueza*, de documentos oficiais e da *Harpa do Crente*, de Herculano, de onde se extraiu o poema "A victoria e a piedade" (*O Encyclopedico*, 1841, n.2, p.54-5). Constata-se, pois, que as fontes selecionadas eram não só portuguesas, mas também francesas e mesmo brasileiras.

Miranda (1863, p.110) ressalta o fato de ali ter saído pela primeira vez

> a arte palmarica escripta pelos padres da companhia de Jesus, agronomos theoricos e praticos da antiguidade, a quem deve muito a nossa agricultura, e cujo melhor elogio são as multiplicadas edições que esta arte tem tido em Portugal e na India.

Lembrando o interesse que Herculano e, portanto, o próprio *O Panorama* revelavam pelo desenvolvimento agrícola, estimulando-o o

---

30 "Idade dos Estados portugueses na India até o auge da sua grandeza"; "Modas"; "A grande alca do norte"; "O esposo assassino. Chronica de Genova"; "Os reis de poucos dias"; "Caffres e as suas choças"; "Os reis de poucos dias. Conclusão do artigo começado no n. ultimo, pag. 78"; "Circulação do sangue"; além das gravuras (e textos correspondentes) que se seguem: "A esphinge", Lith. de Goa; "Caffres e as suas choças", Lith. de Goa; "A remora"; "Ponte suspensa de Friburgo, na Suissa", Lith. de Goa; "O ornithorinco"; "Napoleão"; "A grande alca do norte"; "Velho e rapariga do Cantão de Soleue [Soleure]", Lith. de Gôa; "Vista de Moscow", Lith. de Goa; "Carlota Corday", Lith. de Goa.

31 Lembremos que em 1836 aparece em São Paulo um periódico dos alunos da Academia de Ciências Sociais e Jurídicas intitulado *O Amigo das Letras*, dirigido por Josino do Nascimento Silva.

quanto podiam, é possível entrever aqui a incorporação, por parte das elites letradas coloniais, da vulgarização de tais conhecimentos, concebida como forma de atingir um mais alto grau de civilização.

Além disso, estampavam artigos da mais variada natureza e, tal qual *O Panorama*, tanto publicavam matérias de teor prático, feito o "Modo de lavar a ganga sem lhe fazer perder a cor", quanto matérias de teor mais filosófico, como "Literatura – Rudimentos ideologicos". Também uma espécie de proto-sociologia literária – muito comum nesses anos –, que pintava com cores românticas os tipos e cenários que retratava, teve lugar em "O pobre, sua vida e morte". Vale ainda registrar aqui a presença de um tema recorrente nas publicações goesas: o do comportamento do marido em relação à mulher no casamento. O artigo "Castigo dos maridos fracos" refletiu sobre esse tema polêmico, já que o lugar da mulher e, por conseqüência, o do marido eram bastante distintos nas sociedades hindu e cristã, obrigando o goês a encontrar um meio-termo entre os dois modelos.

Esses são apenas alguns exemplos da diversidade de temas tratados em *O Encyclopedico*, revelando que os goeses procuravam manter-se sintonizados com o andamento da metrópole, ao mesmo tempo que selecionavam ali o que lhes era de interesse mais direto.

Já no que concerne à literatura em prosa, é bastante difícil definir os diversos gêneros que apareciam nas revistas românticas em geral. Colocando à parte aquilo que já se apresentava como texto propriamente histórico – como o entendemos hoje –, podemos lembrar algumas denominações correntes, como crônica histórica, episódio histórico, episódio moral, conto, novela, romance, narrativa de viagem etc.

Publicaram-se diversos textos históricos, chegando-se mesmo a estampar, de Martinez de la Roza, o artigo "Qual he o methodo ou systema preferiveis para escrever a historia?". Apesar de a história portuguesa ter maior presença nas páginas do periódico, procura-

36 Oriente, engenho e arte

vam também reproduzir textos sobre a história de outros países europeus, como era o caso do texto "Lanço de vista sobre a historia da Inglaterra" ou "História dos quakers – Traduzida de Voltaire", assim como procuravam estampar matérias mais próximas da realidade colonial, tal qual "Das primeiras moedas que se cunharam em Goa". Mas era a narrativa de vidas e episódios notáveis que mais apareciam, ao feitio dos textos sobre "D. Maria Ursula d'Abreu e Lencastro" e sobre "O duque de Bragança no cerco do Porto". Havia uma evidente preferência em O *Encyclopedico* pelas narrativas de teor histórico, sendo possível citar já no primeiro exemplar diversas delas, tais como "A columna Strozzi, ou da pega ladra", "Supplicio do esculptor Torreciano" e "O rei dos ashentis".

De textos narrativos inteiramente ficcionais, apareceram a novela "A gruta d'amor – Novella historica", de David Bartolotti, e a "Invocação de Volney", assinado por Bom Senso. A mais longa e interessante das narrativas, porém, é o conto, ou novela, "Religião, amor e patria – Romance historico", apenas com a indicação de ter sido retirado do *Jornal do Commercio do Rio de Janeiro*. É um romance de João Manuel Pereira da Silva, escritor carioca ligado ao grupo de Gonçalves de Magalhães e colaborador da revista *Niteroy* (1836). Também apareceram outras duas novelas: "Almanza – Novella mourisca" e "Appia – Novella romana". Além dessas, foi publicado o conto "Fatima, e Zendar, ou O fatal destino". Era evidente o gosto pelo drama amoroso ambientado em lugares ou épocas distantes.

Apesar de não ser um trabalho ficcional, vale registrar aqui a presença de Lamartine com seu texto "Deveres civis dos parachos". Basta recordar o quanto o catolicismo fazia parte do caráter lusitano dos goeses para se ter idéia da força que os trabalhos de Lamartine possuíam.

Quanto aos poemas, muitos deles encontravam-se sem nenhuma indicação de autor. Por vezes apareciam apenas assinados por iniciais, o que nem sempre se referia ao autor, mas, sim, ao título da publicação de onde foram extraídos. Diversos outros, no entanto, encontravam-se devidamente creditados, como "A madrugada no Porto", de J. J. Lopes de Lima, com indicação de ter sido extraído do *Jornal dos Amigos das Letras*, e o já citado poema "A victoria e a piedade", de Alexandre Herculano, extraído da *Harpa do Crente*. Outros foram retirados de miscelâneas, como o "Lucrecia", pertencente à *Miscellanea de Miguel Leitão de Andrade*. Ainda com indicação de autor, apareceram "Ode a Lisboa – sobre a decadencia das nossas conquistas na Asia", de Antônio Ribeiro dos Santos, "Soneto", de Bocage e, finalmente, "As duas irmãs, huma trigueira, outra branca, e loura", de Gentil. Entre os assinados por iniciais, temos o poema de F. L. d'A., "Amor e receio – conto", o de G., intitulado "Conto", o de C. L., sem título, o de C., também sem título, outro de C., intitulado "Lyra", e de R., denominado "Mote – Gosa hum puro Céo d'amor/ Quem gosar tua belleza – Glosa do marujo". Nesses trabalhos, é possível constatar o gosto pelo poema narrativo ao modo romântico, ao lado do poema de tradição neoclássica.

Foi, no entanto, *O Compilador*[32] (27 setembro 1843 – 31 dezembro 1847), semanário pitoresco, redigido pelo mesmo João Antônio de Avelar, de *A Biblioteca de Goa*, que mais próximo esteve de *O Panorama*.

---

32 A coleção do periódico existente na Biblioteca Nacional de Lisboa não contém o primeiro exemplar, o que impossibilita a consulta ao programa da publicação que, na grande maioria das vezes, aparece no texto de apresentação. Lembremos que em Lisboa foram publicados nove volumes (novembro 1821 – abril 1823) de um periódico intitulado *O Compilador ou Miscellanea Universal*, de orientação marcadamente liberal, editado por João Baptista Gastão na Typographia Rollandiana, que trazia literatura, política e legislação, chegando seus redatores a traduzir e publicar em encadernação conjunta com volumes do periódico *O contrato social*, de Jean-Jacques Rousseau. Além deste, em 10 de janeiro de 1836, surgiu naquela capital outro periódico com o título de *O Compilador*, publicando alguma literatura, mas com perfil nitidamente político.

Era destinado a colligir as mais escolhidas publicações que na Europa se espalham tão abundantemente, e que infelizmente não estão ao alcance do geral dos leitores deste tão afastado paiz, onde os conhecimentos se transmittem com muito vagar, e a aquisição dos bons livros he custosa; o que cumpriu, reproduzindo na maxima parte os bem ellaborados artigos do *Panorama*, periódico distincto na litteratura portugueza, que então a sociedade dos conhecimentos uteis publicava em Portugal (Miranda, 1863, p.111).

Saía aos sábados e continha entre oito e dez páginas por exemplar, com o mesmo tamanho e a mesma diagramação de *O Panorama*. Era um periódico ilustrado, científico e literário. Assim como o periódico lisboeta e provavelmente retirado daquele, apresentava seu "Semanario Historico", isto é, uma relação cronológica dos principais acontecimentos da história do Ocidente e, em particular, de Portugal. Possuía várias estampas, e muitas delas – as de página inteira – eram assinadas por Manoel Cunha. Mas mesmo essas não eram originais e sim, reproduções de estampas de *O Panorama* e de outros periódicos.

Não publicava praticamente nada de cunho local. Era composto por extratos de revistas portuguesas, francesas ou mesmo inglesas. Durante os dois primeiros anos, não indicou na maior parte das vezes a origem dos artigos publicados, mas eventualmente trazia as iniciais da fonte, tais como P. (que constatamos tratar-se de *O Panorama*), A. (*Archivo Portuguez*, 1838, ou *Archivo Popular*, 1837, ou ainda *Archivo dos Conhecimentos Uteis*, 1837), J. de V. (*Jornal de Variedades*), J. de U. P. (*Jornal de Utilidade Publica*, 1841), C. das D. (*Correio das Damas*, 1836).

O Compilador teve dois momentos: o primeiro, de 27 de setembro de 1843 a 28 de dezembro de 1844; o segundo, de 15 de julho a dezembro de 1847. Quando reapareceu em 1847, manteve o mesmo perfil, porém apresentava ao final de cada artigo o título da publicação que lhe tinha servido de fonte. Assim, vem à baila *O Panorama*, a *Distracção Instructiva* (1842), o *Correio das Damas* (1836), o *Mosaico*

(1839), o *Archivo Portuguez* (1838), o *Jornal das Familias*, o *Jardim das Damas* (1845), *O Moralista* e *La Semaine* (*L'Observateur*).[33]

Tal como *O Encyclopedico*, abordava grande diversidade de assuntos, como educação ("Censura a muitas mãis de familia – Carta de Theana, mulher de Pythagoras, a Eubula"), saúde ("Inconveniencia de cobrir os olhos"), viagens ("Rio de Janeiro – Seus arredores, Cascata da Tejuca") e mesmo temas delicados, como "A origem dos negros", texto que revelava a depreciativa imagem que os povos africanos possuíam aos olhos dos europeus e – por estar ali reproduzido – dos goeses. Em história, vale registrar o longo artigo "Memória sobre as ilhas de Solor e Timor" e também as diversas biografias de personalidades como Mozart, Bacon, Newton e Franklin.

Do que foi possível identificar como extraído de *O Panorama*, temos um leque ainda maior de interesses, pois englobavam costumes, zoologia, monumentos, relíquias e curiosidades.[34]

O Compilador estampou mais literatura ficcional que *O Encyclopedico*, sendo interessante destacar que republicou em 1844 o conto "O mestre assassinado", de Herculano, saído em 1838 em *O Panorama*. Notemos também a presença de uma série de artigos ridicularizando o uso incorreto do português, postura que faria escola em Goa até o início do século XX. Entre esses, encontram-se em *O Compilador* uma "Sentença de hum Juiz do Brasil" (3.2.1844), uma "Carta que escreveu hum rapaz amante, a huma Senhora, para a persuadir a que casasse com elle" (27.7.1844) e algumas "Cartas de Theodozia Maria,

---

33 Segundo Devi & Seabra (1971, p.141), também reproduzia artigos do *Jornal dos Amigos das Lettras*, fato que não pudemos confirmar.

34 "Chapelle e Boileau"; "O indio voraz e o seu camarada"; "Damião de Goes"; "Castelo d'Aguilar"; "A pêga"; "Usos e costumes singulares. Aborigenes da Columbia"; "Viagem do capitão Back ao polo"; "A queda do imperio grego"; "O cofre do Cid"; "Botocudos"; "Ara egypcia"; Silva Leal Júnior (Panorama); "Milicia portugueza no seculo 18 (esboço)"; "Aguas mortiferas"; "Pedro Nunes"; "Moysés".

40 Oriente, engenho e arte

a seu filho Estudante de Coimbra" (20.7.1844), que são hilariantes no plano gramatical e estilístico.

Os vários tipos de prosa formavam o gênero mais cultivado pelo periódico. Da narrativa histórica à inteiramente ficcional, tinha lugar toda uma gama de textos passíveis de diversas classificações. Havia, por exemplo, certo tipo de narrativa que é possível qualificar de episódica, isto é, tratava muito rapidamente de um episódio histórico, lendário, informativo ou de ficção, sem pretender um rigoroso compromisso, quer com sua virtual verdade factual, quer com a verossimilhança. Eram textos curtos, que se prestavam a dar exemplos de comportamentos, como "Devoção do amor conjugal", ou a definir um certo caráter, "Amor paternal de Racine", ou ainda a apresentar algo curioso, "A vida da côrte", sempre buscando oferecer pílulas de saber, pequenas doses de ilustração, característica que se encontrava estreitamente vinculada ao próprio ideário das revistas.[35]

Já no campo inteiramente ficcional, eram reproduzidos alguns textos que, num paralelo com a arquitetura de fachada, podemos classificar de contos de fachada, já que eram narrativas sem profundidade, sem desenvolvimento, que só se atinham aos elementos mais aparentes de uma trama convencional. Trabalhavam apenas o ápice da trama, partindo de personagens e contextos já bem conhecidos dos leitores, fazendo-se desnecessário defini-los. A trama era, ao menos na metade dos casos, a do reencontro dos amantes tragicamente separados. Só o que interessava era o desfecho da narrativa. Assim, personagens e contexto prestavam-se apenas para estabelecer as re-

---

35 Poderiam ser classificadas desse modo as seguintes narrativas: A. P., "Devoção do amor conjugal", "O prazer de fazer bem"; R. J. de S. Neto, "A vida da côrte"; J. de V., "O pedreiro, e o imperador Alexandre"; A., "Ricardo Cromwell"; "Huma scena da viagem de Colombo"; ***, "Um divorcio em Hungria", "Amor paternal de Racine"; *Correio das Damas*, "Amei e ainda amo quatro"; *La Semaine* (*Observateur*), "O salvador de Pio IX".

gras do jogo, por exemplo: época das Cruzadas, amantes separados, reencontro imprevisível; ou árabes na Península Ibérica, amantes separados, reencontro imprevisível. Havia também a trama dos mal-amados, dos vingativos, dos miseráveis.

Esse tipo de narrativa, que se preocupava apenas com o clímax e trabalhava com o previsível e o conhecido, era antes de mais nada um conto como outro qualquer, por vezes mal redigido, por vezes somente convencional. Se isolamos tais trabalhos e mesmo criamos uma designação para eles é porque cumpriram um papel que reputamos de grande importância: o de sedimentar um repertório conhecido e previsível para o leitor, fazendo que este iniciasse o texto com a certeza de obter satisfação ao final de sua leitura. Era essa segurança que motivava sua leitura, assim como é a segurança de um conjunto de valores conhecidos e de um final feliz que anima a criança a ouvir ou ler as fábulas. A familiaridade com os valores em jogo numa trama (e, portanto, com o desfecho a que convergem as ações pautadas em tais valores) é a base para a constituição do gosto mediano, que quer ver seus valores refletidos no mundo, ainda que literário. Assim, tais textos prestaram-se para a definição do gosto médio que consumiu e consome o que hoje denominamos literatura de entretenimento – os *best-sellers* que se pautam pelos mesmos princípios aqui arrolados, ainda que o previsível e o conhecido tenham ampliado e diversificado seus campos de ação desde então.

Além dessas narrativas, publicou-se uma grande quantidade de contos propriamente ditos, aparecendo nomes como os já citados Herculano, L. A. Rebello, Reichmuth d'Adocht, mas também muitas outras obras sem nenhuma indicação de autor, tal como "O esposo assassino – Chronica de Genova", que já fora publicada em *O Encyclopedico*.

Apesar de as distinções aqui identificadas entre as narrativas presentes em *O Compilador* serem em certo sentido arbitrárias e tal-

42 Oriente, engenho e arte

vez redutoras, fazemo-nas fundamentalmente na procura de elucidar a natureza dos textos estampados no periódico, o que, no entanto, não invalida sua pertinência quanto à própria tipologia dos textos românticos divulgados em revistas, que muitas vezes apresentam as características supracitadas. Recordemos que as categorias aqui identificadas valem, *grosso modo*, também para os periódicos românticos portugueses, e mesmo europeus, uma vez que O *Compilador* era um apanhado de tais publicações.

Quanto aos poemas, estamparam-se duas traduções: uma do dinamarquês,[36] de autoria de Baggesen, "A infancia", e outra do francês, de Beranger, "O conto do cossaco". Revela-se uma preferência pelo soneto, aparecendo, contudo, diversos outros tipos de poema e mesmo um com forma piramidal, intitulado "A pyramide da poetica", de João Xavier Pereira da Silva. Entre os poetas, encontravam-se Filinto Elizio, Dr. Manoel da Nobrega, Gentil, J. M. da Silva Vieira, J. M. da Costa e Silva, Jose Maria de Almeida Teixeira de Queiroz e J. F. de Serpa.

No que concerne à crítica ou resenha de publicações e escritores, praticamente nada foi publicado, à exceção de um texto sobre Mr. de Buffon (O *Compilador*, 13.7.1844).

Faz-se importante notar que tanto O *Compilador* como O *Encyclopedico*, apesar de terem no horizonte todo o conjunto de publicações periódicas metropolitanas, têm em O *Panorama*[37] sua principal referência. Isso em parte se deveu ao fato de o periódico de Herculano apresentar-se como modelar mesmo em Portugal. Seu perfil ilustrado era seguido à risca pelos goeses, ainda que as dificuldades para

---

36 Notemos que também aparece um texto de Reichmuth d'Adocht, intitulado "Novella dinamarqueza".

37 Ainda que em O *Compilador* a presença do periódico de Herculano fosse quase equivalente à do *Archivo Portuguez* e do *Mosaico*.

Origem e estabelecimento da imprensa e da literatura em Goa   43

assim proceder em Goa fossem muitíssimos maiores que as da Sociedade Propagadora dos Conhecimentos Úteis em Portugal (man-
tenedora de O *Panorama*) – que, por sua vez, reclamava do esforço
necessário para conseguir estampas. Isso não só corroborou a forte
presença da revista lisboeta na colônia luso-oriental, como também
revela que o gosto médio literário oitocentista goês passou, *grosso
modo*, pelo mesmo conjunto de interesses e idéias que o luso-metro-
politano, guardadas as devidas proporções dos respectivos meios culturais e literários.

Da compilação à imitação

Durante o segundo momento de publicação de O *Compilador*,
apareceu o primeiro periódico literário cunhado pela pena verdadeiramente goesa. Conta-nos Miranda (1863, p.111-2):

> Em 1846 instalou-se uma sociedade composta de alguns individuos
> illustrados da capital, que contava com seus correspondentes em todos
> os angulos dos estados da India portugueza, e que tinha entre os projectos
> do estabelecimento d'uma bibliotheca e do estudo do idioma francez,
> o de publicar um periodico litterario, que sob a divisa do *utile et dulci*
> désse á lume as especialidades de Goa. O nosso amigo o sr. Filippe Nery
> Xavier, tão erudito nas coisas do paiz, e á quem todos nós respeitamos
> como um dos nossos mais laboriosos chronistas, teve parte nesta publi-
> cação que se intitulou – *Gabinete Litterario das Fontainhas* – para mais
> tarde tomal-a exclusivamente sobre os seus hombros.

Vale ressaltar a existência de uma associação homônima, dedicada a "trabalhos litterarios", o que denotava certa similaridade dos
meios de produção intelectual de Goa com os de O *Panorama*. Chegaram mesmo a adotar alguns critérios para a publicação do periódico
similares àqueles adotados pela Sociedade Propagadora dos Conhe-

cimentos Úteis, nomeadamente no que concerne à proposta de dar "noticias do seu Paiz, e algumas outras, que com ellas tenham relação", a empregar uma "lingoagem humilde" e a aceitação de colaborações que "não tenham relação com politica" (Xavier, 1846). O periódico era distribuído na Loja da Imprensa, em Nova Goa, e nas Casas dos Correios Subalternos, nas comarcas.[38]

No verso da capa, sempre trazia a seguinte quadra do canto 6, estrofe 99, de *Os lusíadas*:

> Desta arte, se esclarece o entendimento,
> Que experiências fazem repousado:
> E fica vendo, como de alto assento,
> O baixo trato humano embaraçado.

Apesar de trazer uma gravura no primeiro exemplar – e era a única –, o periódico nunca se pretendeu ilustrado, o que já era uma fuga ao modelo do periódico de Herculano, no que foi seguido por praticamente todos os outros periódicos goeses vindouros. Isso se deveu em parte, possivelmente, às dificuldades em conseguir gravuras e ao seu alto custo, e em parte por surgirem novos modelos de periódicos, mais próximos do livro que da enciclopédia.

Publicaram-se três volumes, correspondentes exatamente aos anos de 1846, 1847 e 1848, e as matérias ficcionais literárias foram escasseando com o decorrer da publicação, a ponto de, em 1848, não ter sido publicado praticamente nada do gênero. De 18 de janeiro de 1846 a dezembro de 1848, O *Gabinete Litterario das Fontainhas* foi publicado mensalmente e, após esse período, passou a ter edições

---

38 No artigo "Prospecto" supracitado, fez-se referência a um texto homônimo que divulgou o projeto inicial da publicação, que era bimensal e de formato maior que aquele que de fato assumiu.

Origem e estabelecimento da imprensa e da literatura em Goa   45

esporádicas, que formaram o *Esboço d'um diccionario historico-administrativo* e a *Collecção das leis peculiares das communidades agricolas das aldeias dos concelhos das Ilhas, Salcete, e Bardez*.

Pode-se considerar Filippe Nery Xavier, no que concerne à história, como o Herculano de Goa, que não só teve uma vontade e um empenho intelectual paralelos aos daquele, como também ocupou cargos oficiais que lhe propiciaram o contato com as fontes mais ricas da historiografia goesa, estudando com afinco as origens da colônia e divulgando maciçamente tais conhecimentos.[39]

O periódico era dividido em diversas seções, como "Peças ineditas e pouco vulgarizadas", "Variedades" (onde aparecia a literatura ficcional), "Parte oficial", "Maximas moraes" etc. Se havia originalidade no material histórico que foi estampado, o mesmo não se podia dizer da grande maioria das matérias propriamente literárias, extraídas de periódicos metropolitanos. Isso era afirmado no "Prospecto", intróito da publicação assinado por Felipe Nery Xavier, como também no artigo "O gabinete litterario", que se seguia à introdução. Após discorrer sobre a necessidade da publicação de textos mais leves, observava-se que para isto

> nada nos pareceu melhor do que recorrer ás Folhas da Europa que temos, e que não estão ao alcance da maior parte dos nossos Assignantes, e outras pessoas deste Paiz; e transcrever em as nossas columnas os seus ricos, e interessantissimos artigos (*O Gabinete Litterario das Fontainhas*, n.1, p.6, 1846).

---

39 Os trabalhos de Felipe Nery Xavier, juntamente com os de Miguel Vicente de Abreu (que traduziu do inglês o trabalho pioneiro do Reverendo Cottineau, escreveu os apontamentos biográficos de Fr. Manuel de S. Galdino, a notícia das alterações políticas que tiveram lugar em Goa em 1821 e 1822 etc.) e com os de Jacinto Miranda (que escreveu os *Quadros Históricos de Goa*, inspirados certamente em Castilho), estabeleceram as bases da historiografia goesa.

46   Oriente, engenho e arte

Publicavam-se muitas traduções, tais como as "Aneccdotas extrahidas da Vida de Nushirvan ou Cosrae, Rei da Persia, por A. C. Meissner, tiradas do Allemão"; ou o conto "Alexandre e Kiasa", do mesmo autor; também M. Arnaud apareceu com dois contos, "O homem unico" e "O rico digno de o ser". Já Arnauld teve ali estampada "A origem do Priorado dos dous amantes".

A religião estava largamente presente com o longo estudo anônimo "Historia da Religião ou Theomorphismo dos Idolatras da India Oriental", além do texto "Brahma, Visnú, Mahés". Juntamente com a "Traducção de duas Laminas de cobre da letra antiga, chamada Nandy nagar, e lingoa Sanscrit gentilica, do tempo do El-Rei Zaiquessy, escriptas pela maneira seguinte", temos em *O Gabinete Litterario das Fontainhas* a iniciativa inaugural para a divulgação dos estudos do hinduísmo em Goa, que só reapareceria tão presente como ali nas revistas do início do século XX.

Extraíam artigos de *O Panorama*, da *Revista Academica*, do *Recreio* e da *Revista Universal*.[40] De literatura, interessa sobremaneira registrar a publicação do conto inédito "Um fatal engano", uma trágica trama de amor em inconfundível estilo romântico datada de Ribandar, 10 de Julho de 1845, do então jovem goês M. J. da Costa Campos, que estampou também uma crônica sobre "A semana sancta". Apareceram ainda, sob a assinatura de Democrito, o conto "A cautela da loteria – Historia que podia acontecer", e um outro conto, anônimo, intitulado "A conformidade – Tradicção dos rabinos", que

---

40 Segundo indicações explícitas, interessa registrar que de *O Panorama* estampavam máximas morais de Pope, Cardeal Gerdil, Franklin (*O Gabinete Litterario das Fontainhas*, n.2, p.48, 2.2.1846). Era, porém, da *Revista Universal Lisbonense* que reproduziam matérias literárias mais interessantes, como era o caso da crônica "Ensino dado por hum Saloio a um Alfacinha" e do conto "Mysterios d'hum Palito (Fragmento)".

poderiam ser inéditos ou extraídos de outros periódicos, já que nada vem indicado. Também apareceu a narrativa de um episódio intitulado "Recreio Anecdota - O çapateiro, e o candidato a deputado", igualmente anônimo.[41]

De janeiro a junho de 1848, teve lugar em Nova Goa o aparecimento de *O Mosaico*, redigido, entre outros, por Manuel Joaquim da Costa Campos. Este publicou diversos opúsculos, tais como o *Vergel* (1858), a *Estrea Goana* (1860) e os anuários *Almanak do Christianismo* (1863, 1864 e 1865), tendo sido um dos primeiros escritores românticos goeses, se não o primeiro. Não nos foi possível consultar tais publicações. Devi & Seabra (1971, p.169 e 219) avaliaram como puro convencionalismo romântico os textos literários ali publicados, tanto quando comentaram os poemas como quando trataram dos contos, o que apontava para o efetivo abandono da compilação e a prática sistemática da imitação dos mestres portugueses e europeus em geral, já iniciada em *O Gabinete Litterario das Fontainhas*.

Em 6 de novembro de 1854, aparece em Nova Goa *A Revista Illustrativa*, que trazia artigos e peças literárias dos mais reconhecidos escritores portugueses do momento, deixando de existir em 16 de julho de 1855 - publicação que também não pudemos ter em mãos.

Três anos depois, em janeiro de 1857, veio a lume em Nova Goa o *Arquivo Portuguez Oriental*, publicação em fascículos que estampava somente documentação sobre a história de Goa. Era um trabalho coordenado pelo conselheiro Rivara, e foram editados seis fascículos até 1866. Reproduzia documentos depositados na Torre do Tombo de Goa, buscando também preencher as lacunas desses docu-

---

41 Outros contos foram publicados sem qualquer indicação, mas com a da fonte da qual foram extraídos, fazendo supor que estes, pela falta de indicação precisa, eram de cunho local.

48 Oriente, engenho e arte

mentos com outros do "Real Archivo da Torre do Tombo de Lisboa, pelos manuscriptos das Bibliothecas de Portugal, e outras da Europa, e pelos Cartorios de algumas casas dos nossos Fidalgos". Cunha Rivara buscou retomar a elaboração da história dos portugueses na Índia, interrompida desde o período dos primeiros cronistas (Fernão Lopes de Castanheda, Diogo de Couto, Manoel de Faria e Sousa etc.). Sua edição foi irregular, mas duradoura, aparecendo em 1857 (dois fascículos), 1861 (terceiro fascículo), 1862 (quarto fascículo), 1865 (quinto fascículo, partes 1 e 2), 1866 (quinto fascículo, parte 3) e 1876 (sexto fascículo e suplemento).

1860, a grande década do jornalismo literário romântico

Foi a década de 1860 o período mais marcadamente romântico da literatura indo-portuguesa, ao menos no espaço das publicações periódicas.

Como foi anteriormente observado, o aparecimento em 1859 de O *Ultramar*, em Margão, veio trazer um novo e estrutural elemento ao cenário político e cultural goês.

Apesar de se tratar de um semanário eminentemente político e de notícias, trazia muitas vezes, como toda publicação que pretendesse ter ares de grande imprensa – e esse era o caso –, uma seção intitulada "Folhetim", onde se publicavam crônicas, contos, novelas, romances, críticas literárias, teatrais etc. Eram reproduzidas também várias narrativas, por vezes sem nenhuma indicação de autor ou fonte. Na certa, não se tratava de produções goesas, pois, quando assim ocorria, colocava-se alguma indicação, tal como romance original ou mesmo um elogio à iniciativa do autor. Do que é imediatamente identificável, constata-se a reprodução de muitos folhetins saídos em periódicos portugueses, especialmente no *Diario de Noticias* – e aqui é fornecida a fonte –, além de *A Revolução de Setembro, Gazeta de Portugal, Boletim do Governo* etc. Note-se que eram reproduzidos com maior freqüência os periódicos de grande circulação em Portugal, e não os da imprensa ilustrada e literária, como faziam *O Compilador* ou *O Encyclopedico*. Eram extraídos ainda textos de periódicos estrangeiros, como *The Lamp, Illustrated Magazine* e *Le Monde Illustré*. Entre os autores portugueses reproduzidos, encontravam-se Rebello da Silva, Eduardo Coelho, Luiz de Araujo, Mariano Fróes, Alfredo Sarmento, Bulhão Pato, B. de Sousa Menezes, Eugênio de Castilho, entre outros. Notemos que, em 6 de fevereiro de 1868, começaram a estampar "O mestre assassino", de Herculano, que saíra em primeira mão em *O Panorama* e também, em Goa, em *O Compilador*. Havia ainda traduções de autores de língua inglesa (Charles Dickens), francesa (Eugène Scribe) e espanhola (Raimundo de Puente). Tinham presença um ou outro goês, como é o caso de J. C. Barreto Miranda. Durante a segunda metade da década de 1860, havia diversos folhetins assinados por "o folhetista em disponibilidade", um cronista que comentava e criticava a vida goesa.

De outubro de 1859 a julho de 1860, apareceu *O Recreio*, primeiro periódico científico e literário impresso na tipografia de *O Ultramar*. Era bimensal e tinha por colaboradores A. A. Bernardino Fernandes, A. C. Reis de Noronha, A. L. Gomes e Pereira, A. Plácido de Nazareth, A. J. Sócrates da Costa, B. Z. Soares Peres, D. T. Tasso Dias, F. A. Frias de Noronha, Felicíssimo Lovo, J. C. Barreto Miranda, J. F. Napoleão Monteiro, J. F. Caraciolo de Sá, J. H. Victor Gomes e L. J. C. Paulo de Sá, entre outros.

No início dos anos de 60, surgiu o *Tyrocinio Litterario* (Nova Goa, 15 janeiro 1862 – 15 fevereiro 1863), que era uma importante referência para a literatura goesa (15 exemplares e 1v. de 108p.).

50 Oriente, engenho e arte

Primeiramente, saiu manuscrito,[42] e só depois veio a ser impresso quinzenalmente na Imprensa Nacional, com redação de Joaquim Mourão Garcez Palha (visconde de Bucelas), M. J. da Costa Campos, C. A. Carneiro, F. de Lorena, L. J. de Souza e Brito, Joaquim Arêz, Filipe Nery Xavier e talvez outros, que, sob a direção de Garcez Palha, formavam uma sociedade literária de mancebos. Logo no intróito, afirmavam que o que os movia era: "*Aprender escrevendo* ou *escrever aprendendo*, tal é pois a nossa divisa, e tal será sempre o alvo que teremos em mira como norte invariável". A afirmação poderia ser lida apenas como a retórica da modéstia que invariavelmente aparecia em todo texto introdutório. No entanto, é necessário reconhecer primeiro sua originalidade, já que esse caráter de formação, de exercício didático, que integrava a motivação de muitas publicações, apareceu pela primeira vez em Goa explicitamente formulado. Além disso, se levarmos em conta que o *Tyrocinio* foi num primeiro momento editado de forma manuscrita, teremos a presença de um caráter idealista mais acentuado, uma vez que comercialmente uma publicação manuscrita não faria o menor sentido. Desse modo, a importância do *Tyrocinio* está em ser a primeira iniciativa conjunta de se publicar somente textos de ficção e poemas originais, isto é, goeses. É verdade que, como diziam na "Introdução" e cumpriram nos exemplares, acabavam também por fazer

---

42 Saíram 12 exemplares manuscritos, que circulavam só no bairro de Ribandar, cada qual com oito páginas de papel almaço, em duas colunas. Já era quinzenal e saiu o primeiro número em agosto de 1860 (entre os colaboradores estava Plácido da Costa Campos, que possuía o n. 4 da série manuscrita, de 16 de setembro de 1860, onde, segundo Gracias (1880), constavam os seguintes artigos: "Mala da Europa (extrato de notícias)"; "O soldado João Caroço (continuação)"; "Dinheiro (continuação)"; "Zatrá de fogo (continuação)"; "O milhafre, ou o milhano"; "Ao retrato de Maria"; "Epitome de novidades"; "Chronica culinaria"; "Problema"; "Charada"; "Logogrifo"; "Enigma"; "Perguntas enigmaticas"; "Explicação das charadas e enigmas do n. 3").

Origem e estabelecimento da imprensa e da literatura em Goa   51

a reprodução nas suas páginas de um ou outro escripto menos vulgarisado dos esplendidos engenhos que sustentam hoje a reputação das nossas lettras. A estes pedimos aqui venia pela liberdade que teremos de tomar.

Publicaram, porém, muito mais matérias de cunho próprio que os periódicos anteriores do mesmo gênero. Cada exemplar do *Tyrocinio* continha oito páginas, possuindo diversas seções, como as de "Charadas", "Correspondencia" e "Noticias Diversas". Apenas a título de exemplo, temos no primeiro exemplar artigos sobre botânica, zoologia ou mesmo matemática. Além da literatura, também a música foi contemplada com um artigo sobre Liszt.[43]

Entre as matérias literárias reproduzidas, interessa ressaltar a de um longo artigo sobre Antônio Feliciano de Castilho, retirado do *Archivo Pittoresco*, e o artigo "Vocação", de *O Panorama*. Vale também registrar as traduções de um fragmento do *Atheu* de Lamennais, do conto "O couteiro-mor" de Alexandre Dumas, versão de L. A. Ludvice da Gama, e do conto "O stabat de Pergoleso (versão livre)".

Muitos trabalhos literários encontram-se sem nenhuma referência clara, porém, dos textos passíveis de serem identificados como saídos da pena goesa, lembremos aqui a fantasia escrita por C. A. Carneiro, intitulada "Mulher, anjo e demonio", em que o autor narra, descreve e comenta em prosa livre as desventuras que teve com o sexo feminino. E, em seguida, aparece o conto homônimo "O anjo e o demonio", de M. J. da Costa Campos, que infelizmente não foi concluído até o 12º e último exemplar do periódico aqui consultado[44]

---

43 "Titães vegetaes"; "Pangolim ou tirió de Goa"; "Antipathias dos animaes"; "Nova especie de logarithmos"; "Noticias diversas"; "Charada"; "Correspondencia"; C. M. J., "Uma pagina da vida de Liszt".

44 A coleção da Biblioteca Nacional de Lisboa vai até o número 12 de 1862 (sem mês), e o conto "O anjo e o demonio", de M. J. da Costa Campos, se encontrava ainda por concluir.

52 Oriente, engenho e arte

(a coleção completa tem 16 exemplares). Além desse conto, Costa Campos publicou o poema "À despedida da Exma. Senhora...". L. J. de Souza Brito, de Bombaim, estampou ali umas quadras intituladas "Os desejos de uma velha", logo motivando o surgimento de "Os desejos de um bebado", anônimo. Teve lugar ainda outro poema, assinado apenas pela inicial M., "A trovoada (Imitação do Allemão)", que poderia ser ou não de autor goês.

Também *A India Portugueza*[45] possuía um folhetim de rodapé no qual eram reproduzidos autores portugueses (entre eles, Herculano) e europeus (Frederico Bremer, Victor Hugo). A quantidade de literatura publicada era bem menor que aquela de *O Ultramar*, porém havia mais matéria original, como crônicas e contos de autores goeses, como Wenceslau Proença, Filipe José Albino da Gama Botelho, P. S., Francisco Luís Gomes, M. J. da Costa Campos e também Maria Helorica Valeriana Pereira, da qual, infelizmente, nada pudemos saber – nem se se tratava realmente de uma escritora goesa. Teve relevo uma polêmica envolvendo Cunha Rivara, criada por um dos cronistas anônimos de *A India Portugueza*, como se verá mais adiante.

Em 1862, apareceu o semanário *A Harmonia – Jornal politico, litterario e comercial* (Nova Goa, 12 abril 1862 – 27 outubro 1864), redigido por Gustavo Adolfo de Frias. Trazia como colaboradores o próprio Gustavo Adolfo de Frias, Francisco Antônio Paulo Frias de Noronha, Leopoldo Cipriano da Gama, Francisco Henriques dos Santos, A. Lopes Mendes, B. B. de V. Lobo e J. Gerson da Cunha, entre outros.

No texto introdutório "Prospecto" (*A Harmonia*, n.1, p.1, 12.4. 1862), declara-se que o semanário "terá o mesmo formato do *Boletim*

---

45 Consultamos apenas os exemplares de n. 192, de 31 de agosto de 1864, a 365, de 23 de dezembro de 1867, de *A India Portugueza*, os únicos disponíveis na Biblioteca Nacional de Lisboa no período aqui tratado.

do Governo". Elogiava-se a liberdade de imprensa portuguesa e criticava-se a falta da mesma liberdade na França. Fazia-se notar que a política não seria tratada no plano individual, mas, sim, pela "apreciação dos actos d'authoridade", com frase "moderada, e comedida".

Pelo título, via-se tratar-se de uma publicação comercial e, portanto, alinhava-se a periódicos como *O Ultramar* e *A India Portugueza*, mas não tinha o porte daqueles. O semanário publicava política, literatura, anúncios e notícias diversas. Cobrava a publicação de correspondências, anúncios, necrológios e comunicados enviados à redação e extraíam-se matérias de *O Panorama*, de *A Revolução de Setembro*, da *Revista Militar*, de *A Ephoca*, do *Jornal de Havre* e da *Estrella do Norte* (Bombaim), além de *O Ultramar* e de *A India Portugueza*, de Goa.

Publicou um dos primeiros folhetins de rodapé de Goa, não ficcional, estampando inicialmente matérias sobre a família real portuguesa. O primeiro folhetim tratou da morte de D. Pedro V, sob o título "O rei fatalista". Depois apareceu um texto sobre D. Luís I e logo em seguida "Biographia – O serenissimo sr. infante D. João", seguindo-se vários outros. Pelos textos selecionados no folhetim, transparece a verve monarquista do periódico.

A partir de 4 de abril de 1863, o cabeçalho do jornal passou a designar apenas "semanario politico", comprovando já a tendência predominante desde o início da publicação. No entanto, a seção folhetim continuou a ser estampada, aparecendo uma tradução de "O espectro do noivo",[46] conto de Washington Irving, e "A abobada",[47] de Herculano, incompleto, entre outros.

---

46 Nos exemplares de números 52, 55, 61, 62 e 63, de abril a junho de 1863, de *A Harmonia*.

47 Nos números 88, 91 e 93, de julho e agosto de 1864, de *A Harmonia*. Até o exemplar n. 102, de 27 de outubro de 1864, o último da coleção do periódico que se encontra na Biblioteca Nacional de Lisboa, o conto de Herculano não se concluiu.

54   Oriente, engenho e arte

Só apareceram dois poemas: um de Francisco Antônio Paulo Frias de Noronha, "Lamentos da nação portugueza" (A *Harmonia*, n.3, p.10-1, 26.4.1862), e outro identificado apenas pela inicial A., intitulado "Canção do marujo. Ao Sr. Commandante da Escuna a Vapor – Barão de Lazarim. Reconhecimento e amizade" (ibidem, n.29, p.131, 25.10.1862).

Enquanto isso, em Bombaim...

Em 1862, apareceu em Bombaim A *Estrella do Norte* (9 novembro 1862 – julho 1864), periódico bilíngüe português-inglês,[48] que inaugurou um novo gênero de publicação no espaço indo-anglo-lusitano, atingindo um público mais diversificado. Era de propriedade de P. H. da Silva, vice-cônsul de Portugal, e tinha por redator José Antônio de Viveiros. De natureza fundamentalmente de notícias, não apresentava matérias de interesse literário, valendo mais por seu papel inaugural no que diz respeito à imprensa de língua portuguesa naquela localidade.

---

48 Só pudemos consultar o exemplar n. 35, de 5 de setembro de 1863. Após este, apareceram ainda: O *Luso-Portuguez* (comentado em detalhe mais adiante neste trabalho); O *Indio* (Bombaim, 4 julho – 7 novembro 1872), dirigido por Justiniano de Couto; A *Gazeta de Goa* (Pangim, 16 julho 1872 – 30 dezembro 1873), com direção de Sertório Coelho; O *Patriota* (Bombaim, 1874 – ?), tendo por redator V. J. Silva. Alguns outros surgiram até o final do século, valendo, no entanto, registrar O *Anglo-Lusitano* (Bombaim, 8 julho 1886 – ao menos até 19 março 1955), semanário redigido na sua parte portuguesa por Leandro Mascarenhas, que dera origem à publicação. A título de curiosidade, registremos ainda que, na década de 1840, aparecia em Bombaim um semanário redigido inteiramente em inglês, intitulado Indio Imparcial (1843-1844), dirigido por Antônio Filipe Rodrigues e voltado integralmente para a colônia portuguesa – surgindo alguns outros do mesmo gênero no decorrer do século (Lopes, 1971, p.117). Infelizmente não foi possível localizar nenhum exemplar do Indio Imparcial, de especial interesse para a definição das fronteiras do que se pode denominar como literatura indo-portuguesa.

O Portuguez em Bombaim, de 1863, reproduzia artigos de *La Patrie*, do *Times of India* e do *Catholic Examiner*, e estampava alguma literatura. Publicou parte do conto "Fatima e Zendar" e a íntegra do conto "Pedro e Almanza", ambos já aparecidos em *O Encyclopedico*. Estampou também as "Cartas escriptas da India e da China nos annos de 1815 a 1835 por José Ignacio de Andrade a sua mulher D. Maria Gertrudes de Andrade". Teve lugar um texto ultra-romântico intitulado "Jaimes, ou a desventura", devendo ser o extrato de um texto maior, e ainda "Adelaide – Romance original portuguez", que não se concluiu nos exemplares consultados. Apareceram cinco poemas: "A Jesus Christo" (n.2), "Habitantes da India Portugueza", um longo poema de amor sem título, "Se me recorda da tua ingratidam. Glosa-Soneto" e um outro "Soneto".[49]

Em 1866 surgiu O *Patriota*,[50] periódico bilíngüe inglês-português, que trazia por epígrafe: "A verdade que eu conto nua e pura / Vence toda a grandeloqua escriptura", extraído de *Os lusíadas*. Propunha-se a defender a causa dos portugueses residentes em Bombaim.[51] Reproduzia notícias de *O Sentinella da Liberdade*, de *O Ultramar*, de *O Ecco de Bombaim* etc. Publicava sobretudo debates e questões relativas ao catolicismo (padroado *versus* propaganda), parecendo ser esse o maior sentido do termo patriota. Em outubro de 1866, apareceu um curioso artigo sobre a imprensa portuguesa em Bombaim, redigido por V. L. da Silva.[52]

---

49 O número 12, de 17 de junho de 1863, é o último exemplar da coleção da Biblioteca Nacional de Lisboa – a coleção começa no n. 2 e não há o n. 8.

50 Só foi possível consultar a segunda edição do periódico, que saía até ali sem periodicidade fixa.

51 Prospecto (*O Patriota*, n.2, p.1) e O Patriota (*O Patriota*, n.2, p.1-2, 1866).

52 V. L. da Silva, "Jornalismo portuguez em Bombaim" (*O Patriota*, n.6, p.15, outubro 1866).

56 Oriente, engenho e arte

Um periódico bilíngue, inglês-português, teve lugar em Bombaim. Era o *O Anglo-Portuguez*[53] (1866), que teve a honra de publicar em folhetim o primeiro romance goês, *Os Brahamanes*, de Francisco Luís Gomes, que comentaremos mais adiante.[54]

A imprensa de língua portuguesa em Bombaim, se não primava pelo aspecto literário, ao menos teve o mérito de publicar *Os Brahamanes* em primeira mão e de revelar a persistente vontade da comunidade goesa e portuguesa ali estabelecida de manter seu vínculo com a língua portuguesa.

Vale lembrar que constituiu também, por vezes, um lugar de expressão da oposição à elite dirigente de Goa, pois aqueles que eram perseguidos politicamente na colônia portuguesa mudavam-se para Bombaim e dali se manifestavam por meio das publicações periódicas.

As damas da Índia

A década de 1860 foi também o momento em que diversos periódicos de segmentos específicos da sociedade entraram em cena. Passaram a ser publicados mensalmente pela Imprensa Nacional, em Nova Goa, os periódicos: *Jornal de Pharmacia e Sciencias Medicas da India Portugueza* (15 junho 1862 – 15 dezembro 1863); *Revista Médico-Militar da Índia Portuguesa* (1º outubro 1862 – 1º janeiro 1864 – mensal), *Archivo de Pharmacia e Sciencias Accessorias da India Portugueza* (ja-

---

53 Devi & Seabra (1971, p.212), ao se referirem a essa edição em folhetim, equivocaram-se, indicando o periódico *O Anglo-Lusitano*, surgido somente em 1886, fato compreensível, visto o paralelismo entre nomes e datas.

54 Francisco Luís Gomes (1829-1869) era na época deputado por Margão nas cortes portuguesas, além de historiador e economista, considerado homem de excelente formação e vasta cultura. Afora *Os brahamanes*, escreveu também *Le Marquis de Pombal, A liberdade da terra e a economia rural da Índia Portuguesa, Essai sur la théorie d'économie politique et de ses rapports avec la morale et le droit e Os brigadeiros Henriques: Carlos Henriques e Joaquim J. X. Henriques* (Costa, s.d., p.44-55).

neiro 1864 – dezembro 1871) e *Periódico Militar do Ultramar Portuguez* (16 março – 16 outubro 1863 – quinzenal).

Além desses periódicos especializados, despidos de interesse literário,[55] a imprensa voltada exclusivamente para o público feminino ganhava seu primeiro representante em Goa com o aparecimento de *Recreio das Damas. Periodico Semanal de Recreação Oferecido ás Damas da India Portugueza e ás Damas Portuguezas de Toda a India*[56] (9 maio – 5 outubro 1863).[57] Era impresso na Imprensa Nacional e redigido pelo oficial do Exército João Filipe de Gouveia, o mesmo do *Periódico Militar do Ultramar Portuguez. O Recreio...* publicava os poemas de Luís Augusto Palmeirim e intencionava editar em fascículos uma biblioteca feminina, aconselhando a leitura de diversos romances.

Trazia por epígrafe uma frase de Montesquieu: "Tenho esperimentado, que não ha mortificação, que uma hora de leitura não tenha suspendido". Era dividido em diversas seções, tais como "Variedades", "Poesias", "Anecdotas", "Charadas", "Maximas moraes". Vinha sempre abaixo do título os seguintes dizeres:

---

55 Os periódicos especializados de Goa traziam muito pouca ou nenhuma literatura, o que nem sempre ocorreu com os da metrópole portuguesa. Como vimos, o *Repositorio Literario* (1834), onde Herculano se perguntava pelos novos caminhos da literatura romântica portuguesa, era órgão da Sociedade de Sciencias Medicas e de Literatura do Porto. Essa ausência da miscelânea entre especialização e literatura possivelmente se deveu ao fato de esse gênero de periódicos goeses aparecer na década de 1860, quando a idéia de especialização se encontrava muito mais sedimentada.

56 Em 1859 era publicado no Porto um "periodico quinzenal de litteratura e modas", intitulado *O Recreio das Damas*, tendo por proprietário João César Pinto Magalhães e por principal redator J. da Silva Mendes Leal Júnior, além da participação de diversas senhoras portuenses (que colaboravam inclusive com literatura propriamente dita). Publicava poemas, romances e textos sobre os costumes das mulheres em outras culturas, como a chinesa ou a turca. Faz crer que João Filipe Gouveia ao menos tivesse conhecimento dessa publicação, se é que não foi dali que retirou o título para a sua.

57 Segundo Xavier (1846, p.136), 8 de outubro de 1863. Publicou 16 exemplares, que formam um volume de 64 páginas.

58   Oriente, engenho e arte

Publica-se este periodico aos sabbados: consta de duas folhas de impressão, sendo uma de variedades, a outra, constante continuação de qualquer obra, que no fim se possa encadernar em separado. Preço por assignatura 2 tangas cada numero; para os Srs. subscriptores do *Periodico Militar*, 1,5 tanga cada numero; cada numero avulso, 2,5 tangas.

Prometia publicar alguns romances e era fornecida sua relação: *Lionello*, do Pe. Antônio Bresciani; *Murat*, de Alexandre Dumas; *A mão direita do Sr. de Giac*, de Alexandre Dumas; *O banqueiro de cera*, de Paulo Feval; *O leão d'ouro*, de Paulo Feval; *O derradeiro abencerragem*, de Chateaubriand; *Paulo e Virginia*, de Bernardin de Saint Pierre; *Rosa e branca*, de Jorge Sand; *Luiz Napoleão*, de J. B. Fellens; *Choupana India*, de Bernardim de Saint Pierre; *Branca de Beaulieu*, de Alexandre Dumas; e *De Delhi a Cawnporte*, do Dr. Félix Maynard. Essa relação revela ostensiva preferência pelos romancistas franceses, o gosto pelo cenário italiano, a reafirmação do apreço pelos trabalhos ambientados na Índia de Maynard e a total ausência de escritores portugueses, isso, sim, bastante significativo, denotando que as senhoras goesas procuravam fazer coro com as leitoras portuguesas, que também tinham na literatura francesa sua preferência.

Nenhum desses textos foi, no entanto, publicado, ao menos nos 16 primeiros exemplares, que parecem corresponder a tudo que se publicou do periódico. Estampou-se, em contrapartida, o romance *Os agoiros*, sem indicação de autor ou de onde teria sido extraído, que ficaria inconcluso.

A maior parte dos textos foi retirada de periódicos portugueses, tais como o *Viannense*, *O Instituto*, "d'um jornal da Beira Alta", mas também da *R. Britanique* [*Revue Britanique*], e publicaram-se, sobretudo, matérias sobre moda e moral. Quanto aos versos, o poeta de maior presença era Luiz Augusto Palmeirim, com os poemas "Sim? – Não.", "Portugal" e "O guerrilheiro". Também apareceu "Melancolia", de Luiz Arsênio Marques Correia Caldeira; "O dia do juizo final", de

Pinto d'Almeida; "Saudades de minha terra", de J. C. de Souza; "Retrato moral do homem", de Ducis; e um poema anônimo, "Mãe e filho".

A propósito desse jornal e da importância cada vez maior que o refinamento de hábitos e costumes europeus ganhava em Goa, recordemos como a vida social goesa era bastante peculiar, se comparada à metrópole. A começar pela vestimenta. Conta-nos Bruto da Costa (1896, p.98-9):

> Ainda nos principios do seculo 19, exceptuando os facultativos, advogados, clerigos e empregados publicos, os varões da classe nativa faziam uso de calças curtas denominadas *marromba*, camisa, véstea, chapeu e chinellas ou alparcas, no uso ordinario da vida exterior, e a gente feminina trajava-se parte a indiana e parte a *panno-baju*.

> Ao fechar da segunda decada começou a entrar nas senhoras da classe mais elevada o uso do trajo europeu; e tambem os cavalheiros foram substituindo as marrombas pelas calças e as vesteas pelos jalecos e outro fato a moda europea.

> Successivamente nas familias nativas de maior consideração foi adoptado em ambos os sexos o trajo europeu; e hoje [1896] não ha na generalidade das mesmas familias differença alguma no modo de vestir, sendo rarissimas as damas que conservam o *panno-baju* e a *fota*.

> (...)

> Está infiltrado na nossa burguezia de tal fórma a idéa de que não se devem apresentar em reuniões publicas as damas sem uma *toilette* luxuosa que, ou sob qualquer pretexto se escusam, ou contraem dividas para assistirem ao baile: e os chefes de familia previdentes tratam de encurtar as despezas de alimentação e do fato caseiro para economisar o necessario a fim de satisfazer essa divida.

Também na alimentação se faziam sentir os hábitos regionais:

> A alimentação da quasi totalidade da população é canja de arroz para o almoço e merenda, e arroz e caril para jantar e ceia. Os da classe

60 Oriente, engenho e arte

mais elevada faz o almoço de garfo; e um limitado numero serve-se no jantar de soupas, arroz refugado e prato de meio (Ibidem, p.99).

É curioso notar que, apesar das drásticas alterações introduzidas pelos hábitos ocidentais, tenha surgido apenas um periódico voltado exclusivamente para as mulheres goesas, tendo este ainda tão curta duração. Seria razoável supor que as profundas mudanças no gosto e na etiqueta viessem a estimular uma literatura, quer ficcional, quer informativa, que apresentasse os modelos vigentes na Europa com maior constância e detalhe. Ao que parece, o lugar social da mulher goesa como leitora não era o mesmo que ocupava a mulher portuguesa, o que inviabilizou publicações voltadas exclusivamente para ela.

Ilustres e ilustrados

Em 1863, nascia Muniz Barreto, "a mais importante figura literária que Goa deu a Portugal" (Devi & Seabra, 1971, p.187), que deixou a terra natal em 1878 e ganhou o respeito e a admiração dos meios literários portugueses, convivendo com Oliveira Martins, Eça de Queirós e Antero de Quental, entre outros.

Muniz Barreto nasceu num momento de efervescência da produção ilustrada e literária. No ano seguinte ao de seu nascimento, ocorreu um fato importante para os leitores e literatos goeses: surgiu a *Illustração Goana*[58] (novembro 1864 – dezembro 1866). Era um periódico mensal, publicado primeiramente na Imprensa Nacional e depois na imprensa do *Ultramar*, em Margão. Seu diretor e proprietário

---

58 Consultei do n.1, de 1864, ao n.12, de 1865. Como a encadernação da Biblioteca Nacional de Lisboa não contém as capas intermediárias dos exemplares – apenas as anuais –, não é possível identificar com certeza o mês em que cada exemplar foi publicado. A numeração das páginas, no entanto, permite identificar o início e fim dos exemplares.

era Luís Manuel Júlio Frederico Gonçalves, ou apenas Júlio Gonçalves. Contava com a colaboração de Antônio Joaquim Sócrates da Costa, Antônio Ferreira Martins, Fernando da Cunha Pinto, Caetano Francisco de Miranda, Joaquim José Fernandes Arez, José Francisco de Albuquerque, José Frederico de Assa Castel-Branco, José Gerson da Cunha, José Maria do Carmo Nazaré, Manuel Joaquim da Costa Campos, José Mariano de Abreu, Bernardo Francisco da Costa, Felipe Nery Xavier, Antônio João Frederico Gonçalves de Figueiredo, irmão do editor, e outros. Nomes que fizeram a história intelectual e artística dos anos seguintes.

Foi muito bem recebido pelo público, como atestou *O Ultramar* (29.9 e 15.12.1864, n.287 e 298), em cujas páginas Júlio Gonçalves colaborava como um dos principais redatores na área de literatura. Publicou ali alguns artigos na seção "Variedades". Nesse mesmo ano, encontramos um intitulado "Litteratura" (*O Ultramar*, n.284), em que a arte de escrever foi tomada como expressão patriótica e veículo de civilização. Concebeu a criação literária como resultado da história literária e da apropriação da substância periodicamente elaborada pelas nações. Empregou os termos absolutismo e liberdade para afirmar o compromisso da literatura com o segundo, o que evidenciava, já no vocabulário empregado, íntima relação entre política e literatura. Mesmo sendo moeda corrente no romantismo, tal relação evidenciava a adesão de Gonçalves ao pensamento liberal – que tem no obrar artístico do gênio um de seus principais paradigmas de liberdade. E era esse, possivelmente, o ideário que fundamentava a concepção da *Illustração Goana*.

Segundo Devi & Seabra (1971, p.143), foi "a revista literária que maior influência teve na vida cultural do país". E mais adiante, referindo-se ao periódico no cenário exclusivo das letras, observavam que "com ele se inaugurou uma nova era para as publicações de carácter literário em Goa. (...) Pela primeira vez a literatura da Europa

62 Oriente, engenho e arte

era divulgada entre as novas gerações" (ibidem, p.144), afirmação que não pode ser tomada literalmente, já que, como vimos, havia duas décadas que se divulgava a literatura européia. Acontece que, com a *Illustração Goana*, isso era feito de modo mais didático, com um caráter de formação, em estudos panorâmicos sobre Madame de Stael, Chateubriand, Lamartine, Victor Hugo, Walter Scott, Byron, Anna Radcliffe e outros.[59] Júlio Gonçalves foi o primeiro contista romântico goês de inegável valor,[60] tendo publicado muitos de seus contos na própria revista que fundara.

A *Illustração Goana* tinha, na certa, por modelo a *Revista Contemporanea de Portugal e Brasil* (1859-1865), na qual colaboravam nomes de portugueses como Teófilo Braga, Mendes Leal, Tomás Ribeiro, Pinheiro Chagas e Rebelo da Silva e, entre os brasileiros, Machado de Assis. Imitava a natureza e a disposição das matérias publicadas, isto é: abria sempre com a biografia de alguma personalidade de relevo; em seguida, apresentava as matérias de ciências naturais, narrativas de viagens e contos; os poemas ficavam geralmente mais para o final do exemplar, que sempre fechava com a crônica do mês. Chegou mesmo a reproduzir os títulos das seções de crônicas, que na *Revista Contemporanea* eram denominadas "Chronica do mez" e "Chronica politica nacional e estrangeira" e, na *Illustração Goana*, igualmente "Chronica do mez" e "Chronica exterior, nacional e extrangeira". O fato é que Júlio Gonçalves, na certa, conhecia a

---

59 Os barrocos Antônio João de Frias e Leonardo Pais foram os primeiros ensaístas goeses, porém não produziram ensaios especificamente literários, no sentido que hoje se atribui ao termo (sentido condensado a partir do século XIX).

60 Após J. Gonçalves, no início do século XX, o conto teve diversos cultores, como José da Silva Coelho, que publicou muitos dos seus trabalhos em *O Heraldo*; ou Claudiana de Noronha Ataíde Lobo e sua filha, Beatriz da Conceição Ataíde Lobo, que coletaram e transcreveram uma infinidade de contos populares, além de Alberto de Meneses Rodrigues, Ananta Rau Sar Dessai, Laxmanrao Sardessai, Vimala Devi, Epitácio Pais e outros.

revista da metrópole e poderia mesmo ter mantido algum contato com seus editores, já que, como colaborador de O *Ultramar*, reproduziu em 1865 um ensaio de Caetano Francisco Miranda sobre os progressos da literatura goesa, que fora em primeira mão parcialmente estampado na *Revista Contemporânea*.

A *Illustração Goana* publicava fundamentalmente matéria literária e histórica, com alguma passagem pelas ciências naturais. Era, sem dúvida, a mais bem elaborada revista literária de Goa do século XIX, com a colaboração dos mais importantes intelectuais locais, além da publicação de grande quantidade de literatura original. A seção dedicada à crônica era bastante completa e também aquela dedicada ao andamento literário europeu, redigidas por Antônio João Frederico Gonçalves de Figueiredo, pelo moçambicano José Pedro da Silva Campos Oliveira, por José Francisco de Albuquerque e pelo próprio Júlio Gonçalves.[61]

Em matéria de prosa ficcional, estampou "Traição – Romance original", anônimo; o conto de A. J. Frederico Gonçalves de Figueiredo, "Uma festa e uma viagem"; a fantasia de José Gerson da Cunha sobre "A mulher e o mundo"; um conto de Campos Oliveira, "Nem uma nem outra"; um episódio biográfico de J. F. de Sequeira sobre "O requiem de Mozart" (1866, n.7); além de duas traduções: uma de F. G., provavelmente Frederico Gonçalves, "Algumas palavras sobre a gruta de Gethsemani (de *Voyage en Orient* de Lamartine)", e outra (em prosa) dos versos "Ode á Napoleão Bonaparte (de Byron)", por Caetano Francisco de Miranda.

---

61 Como a coleção da *Illustração Goana* que consultamos, por não trazer as capas de seus exemplares, impede a exata referência bibliográfica de cada um dos textos, observamos apenas, no que concerne às crônicas, que temos ali dez crônicas de autoria de José Pedro Campos Oliveira; oito de Júlio Gonçalves; três de A. J. Frederico Gonçalves de Figueiredo; duas de J. F. de Albuquerque; uma de B. F. da Costa; e duas anônimas.

64   Oriente, engenho e arte

No gênero narrativa de viagem, apareceram, além da supracitada de Lamartine, os textos "Singapura – Fragmento d'uma viagem inedita" e "Pinang – Fragmento de uma viagem inedita", assinados por ** N., e o longo texto "Viagem de Goa a Diu por Bombaim – fragmentos de um livro inedito", de Adriano César de Mello Xavier. Lembremos que, nessa mesma época, A India Portugueza estampava a narrativa de viagem "Descripção de alguns reinos da Ilha de Timor, inclusive a cidade de Deli, feita por um official do exercito de Goa, que esteve ali 3 annos", publicando em 1865 outra narrativa de viagem, então na própria Índia: "Viagem de Rachol á Nachinolá ao meu amigo o senhor José Manoel Barreto", de Filippe José Albino da Gama Botelho. O gosto pela narrativa de viagem se revela predominante nesse momento em Goa, narrativas que retratam o próprio Oriente.

Júlio Gonçalves apareceu com diversos trabalhos em prosa, caracterizados por um apreço especial às tradições populares goesas e à vida cotidiana da colônia. Encontravam-se divididos em dois blocos: 1. "Contos da minha terra", que traziam os episódios "O pequeno do monte", "Amar por comissão" e "Era uma noite de maio"; 2. "Aventuras de um simplicio", com os episódios "O fantasma", "Um jesuita" e "Onde é que está a riqueza – 1". Também publicou o texto "Os metualis (traducção livre da Viagens de Lamartine)". Júlio Gonçalves revelou-se aqui um bom contista não só ambientando suas narrativa em Goa, como também descrevendo situação e personagens típicos da colônia com graça e desenvoltura.[62]

---

62 O primeiro episódio das "Aventuras de Simplicio" também foi reproduzido por Devi & Sebra; tivemos, porém, de refazer essa tarefa para dar sentido aos outros dois. De J. Gonçalves são: "Contos da minha terra I – O pequeno do monte", "Contos da minha terra II – Amar por comissão"; "Contos de minha terra III – Era uma noite de maio"; "Aventuras de um Simplicio I – O Fantasma"; "As Aventuras de um Simplicio II – Um jesuita"; "Aventuras de um Simplicio III – Onde é que está a riqueza 1"; "Os metualis (traducção livre da "Viagens" de Lamartine)".

Com exceção de um poema de Camilo Castelo Branco, "Innocencia", e de outro de A. Lopes Mendes, "Á cidade velha de Goa", todos os demais, publicados em *Illustração Goana*, eram de autoria de M. J. da Costa Campos, de José Pedro da Silva Campos Oliveira e de Júlio Gonçalves.

De M. J. da Costa Campos foram publicados "A cura miraculosa que aos pés do bem aventurado apostolo das Indias S. Francisco Xavier recebeu minha irman M. A. Francisca Xavier da Costa Campos na tarde do dia 26 de dezembro de 1859", "Um pedido" e "À beira-mar"; de José Pedro da Silva Campos Oliveira, "Ella", "Amo-te", "A uma virgem (improviso)", "Uma visão (ao meu amigo A. do Rozario Alvares)", "Amores e dores" e "Não crês?!...", todos reproduzidos por Manuel Ferreira (1985); e de Júlio Gonçalves, "Hontem, hoje e amanhã", "A vóz do eremita", "A virgem" e "Esperança".

Em matéria de textos sobre literatura, apareceram, de F. C. da Cunha Pinto, "Os homens de lettras e a gloria dos homens" e, de Caetano Francisco de Miranda, "Homens grandes da antiguidade – Socrates" e "Rollin – Golpe de vista sobre a sua vida e os seus escriptos". No entanto, foi mais uma vez Júlio Gonçalves quem apresentou o maior número de textos. Iniciou com "Bosquejos litterarios – A litteratura e as nações ou Quadros historicos da litteratura contemporanea dos estados mais cultos da Europa – I – A França litteraria – Stael – Chateuabriand – Lamartine – Victor Hugo", seguidos de outros "Bosquejos litterarios – A litteratura e as nações ou Quadros historicos da litteratura contemporanea dos estados mais cultos da Europa – II – A Inglaterra litteraria – Byron – Walter Scoot – Pope – Thomaz Moore – Roberto Wilson – Anna Radcliffe". Também estampou duas crônicas bibliográficas, "Narração da inquisição de Goa, de Mr. de Dellon, – versão com notas e acrescentamentos do sr. M. V. d'Abreu" e "Descripção do coqueiro, arequeira, arroz, e moedas de Goa, pelo sr. Filippe Nery Xavier". Vale ainda registrar seu artigo "Algumas palavras sobre a imprensa".

66 Oriente, engenho e arte

Em 1864, outro que contribuiu com discussões relativas à literatura foi Filippe Nery Xavier, que publicou dois trabalhos sobre a vida de Bocage em Goa: "Bocage – Noticia da vinda á Goa, e á Lisboa por Macáu" (n.4) e "Amanteicui – Noticia historica sobre o poema de Bocage, que leva este titulo, e sobre a vida e relações da sua heroina" (n.5).

Tornou-se evidente, apenas pela relação de matérias publicadas na *Illustração Goana*, o quanto tal publicação apresentou um caráter literariamente superior a qualquer outra até então ali editada. Foi efetivamente um marco na história da literatura goesa de língua portuguesa.

Segundo os autores da *História da literatura indo-portuguesa*, foi a partir desses anos que as publicações periódicas passaram a trazer, ao lado dos graves estudos até então publicados, poemas e textos mais leves e mesmo frívolos, divulgando-se também a vida e a obra de escritores românticos. Isso, a rigor, também se dava desde O *Encyclopedico*; tal traço, porém, fez-se sentir com maior evidência a partir de meados da década de 1860.

Um debate lá fora

Em 1865, foi reproduzido em O *Ultramar*[63] um debate estampado em A *Revolução de Setembro* sobre os usos e abusos em torno do emprego da língua portuguesa pelos autores românticos, especialmente nos jornais, debate ocorrido entre um português e um brasi-

---

63 Os artigos aparecem sob o título "Litteratura portugueza", numerados de I a IV, nos exemplares n. 315, 317, 319 e 321 de abril e maio de 1865, apresentando indicação de terem sido extraídos de A *Revolução de Setembro*. A resposta vem com o título "Litteratura Portugueza – Carta", numeradas de 1 a 3, nos exemplares n. 323, 325, 326 e 328 de junho e julho do mesmo ano, assinadas por Zero, datadas de 4, 5 e 6 de dezembro de 1864, porém oriundas do Rio de Janeiro, indicando ser seu autor um brasileiro.

leiro, no qual o primeiro apresentou um tom sarcástico e intransigente, atacando o emprego de galicismos e arcaísmos no Brasil, e o segundo, um tom irônico e relativizador, apontando os galicismos cometidos pelo primeiro e ironizando sua intolerância, colocando-se na falsa condição de seu discípulo. O debate fora publicado na metrópole apenas quatro meses antes de ser reeditado em *O Ultramar*, o que pode ser interpretado como um acompanhamento bastante próximo e atento, por parte dos goeses, das intempéries literárias metropolitanas, principalmente se considerarmos que a Questão Coimbrã teve seu início imediatamente após tal debate, mais exatamente em maio de 1865 (Ferreira, 1966-1970).

Além disso, é significativo notar que nenhum intelectual goês tenha tomado posição publicamente em relação às questões gramaticais e estilísticas aventadas. As questões enfocadas debatiam a legitimidade do emprego de variantes lingüísticas – muitas delas presentes no português falado e escrito em Goa. A opção dos goeses em se manterem na platéia, desconhecendo sua condição de réu, faz pensar que o romantismo ali não chegou a instigar uma consciência de identidade estilístico-literária, possivelmente porque colocava como problema a própria situação colonial, muito prezada, apesar de tudo, pela elite letrada de língua portuguesa.

Poesia e prosa

Importa destacar, nesse momento de efervescência literária, o aparecimento da *Harpa de Mandovy – Jornal de Poesias* (7 julho – 20 novembro 1865), periódico mensal que publicava exclusivamente poemas, o que nos remete imediatamente aos periódicos portugueses do mesmo gênero, editados especialmente no Porto e em Coimbra. Infelizmente não pudemos ter em mãos nenhum de seus exemplares.

68 Oriente, engenho e arte

Também veio a lume *O Recreio – Jornal Literario Instructivo e Mensal* (2 outubro 1865 – 1° abril 1866), editado mensalmente na Imprensa Nacional, de propriedade de Joaquim Victorino de Noronha Rodrigues. Seu principal colaborador era Francisco Antônio Paulo Frias de Noronha, assinando poemas e ensaios. Circulava, segundo o próprio periódico, em Goa e região, Damão, Diu e África (leia-se Moçambique).[64] Em suas diretrizes intencionava reproduzir periódicos europeus. Afirmava-se no texto introdutório:

> Com este intento [o de publicar um periódico modesto] havemos de trabalhar, para que pennas decididamente habeis venham honrar nossas columnas, para que escriptos de vantagem, e recreio que vêem publicados nos jornaes litterarios de Europa tomem logar n*O Recreio* (2.10.1865).

Eram reproduzidos artigos dos periódicos: *Alm. do Cast.*, *Ecco de Barcellos*, *La Morale on Action* e *Archivo Popular*. O periódico possuía uma seção de crônica do mês muito interessante, que fornecia dados sobre o cotidiano de Goa. Além disso, apresentou dois textos que trataram do universo literário: "Uma ligeira vista sobre Torquato Tasso", de J. F. Caraciola de Sá, e "A mulher na republica das letras", de F. A. Paulo Frias Noronha. Em prosa, apareceu o "Romance – A fatalidade", de Leopoldo Cipriano de Gama.

Segundo Devi & Seabra (1971, p.145), teve como colaboradores "todos os nomes ilustres da burguesia goesa, dos quais, no entanto, poucos são dignos de memória", sendo ainda de tom "ultra-romântico e de mau gosto".

---

64 Possuía a seguinte relação de correspondentes: J. F. Napoleão Monteiro na Ilha da Piedade; Antonio Xavier Gomes e Pereira na de Salcete; Regalado Piedade Collaço de Margão em Baldez; Augusto Placido de Nazareth em Mapuça; e Caetano Manoel Ribeiro, em Porvorim e na residência do diretor em Siolim (cf. "Aviso", *O Recreio*, n.2, p.26).

Lembremos que, em 1865, Jacinto Caetano Barreto Miranda publicava o artigo "Duas palavras sobre o progresso litterario de Goa" na *Revista Contemporanea de Portugal e Brasil*, de Lisboa, denotando a consciência de uma verdadeira expressão literária que começava a estabelecer-se no Oriente português.

João Filipe de Gouveia, que redigira o *Periódico Militar do Ultramar Portuguez* e *O Recreio das Damas*, passou a ser o responsável pela parte lusa de *O Anglo-Portuguez* (ver nota 54) (1866), impresso em Bombaim. Ali, foi o editor responsável pela publicação, em folhetim, de *Os Brahamanes*, de Francisco Luís Gomes, como vimos. É curioso que esse marco para a literatura goesa de língua portuguesa tenha sido publicado primeiramente na Índia inglesa e, ainda naquele ano, em Lisboa, e não em Goa. Segundo Devi & Seabra, assim se reafirmava a pérfida tradição dos autores seiscentistas e setecentistas, que editavam seus trabalhos na metrópole, privando a comunidade goesa de sua direta influência.[65] Também o tema remonta aos séculos XVII e XVIII: o problema da estrutura das castas *versus* valores cristãos, ainda que estivesse em jogo, na verdade, a luta entre o modelo britânico e o modelo português de colonização, que tinham perspectivas distintas em relação à tolerância religiosa e racial.[66]

---

65 Segundo os mesmos autores Devi & Sebra (1971, p.133), assim também irá acontecer com *O signo da ira* (Lisboa, 1961), de Orlando da Costa, *Bodki* (Lisboa, 1962), de Agostinho Fernandes, e *Monção* (Lisboa, 1963), de Vimala Devi, outras três obras de suma importância para a sedimentação da literatura goesa.

66 Apenas em 1894 apareceu o segundo romance goês, *Os maharatas*, de Leopoldo Dias (1854-1903), natural de Betalbatim, que se encontra incompleto, apresentando-se como o primeiro volume de um conjunto de histórias que se entrelaçam sem se fecharem. Em 1896 surgiu um dos mais importantes romances goeses, *Jacob e Dulce*, de Francisco João da Costa. Depois, somente em 1961, *O signo da ira*, de Orlando da Costa, e, no ano seguinte, *Bodki*, de Agostinho Fernandes (Devi & Seabra, 1971).

70   Oriente, engenho e arte

Outro fato de suma importância em torno em *Os Brahamanes* foi sua publicação como folhetim no *Diário do Rio de Janeiro*.[67] Isso veio estabelecer uma relação bastante importante entre a literatura portuguesa, a goesa e a brasileira, mesmo que ainda não seja possível ter a medida clara de suas possíveis implicações. Em Portugal, o livro provocou bastante interesse por parte da crítica, bastando lembrar que, em 1867, *A India Portugueza* reproduziu três críticas elogiosas sobre o romance de Francisco Luís Gomes, extraídas dos periódicos portugueses *Jornal do Commercio* (assinada por D. M. F.), *Gazeta de Portugal* e *A Revolução de Setembro*. No final do século, em 1898, foi reimpresso em folhetim pelo semanário *O Independente do Norte*, de Coimbra.[68]

Em 1866, Inácio Custódio Coelho publicou, em Margão, a primeira peça teatral romântica goesa: "Os dois irmãos doidos e as duas meninas vizinhas", que foi levada à cena no Teatro Harmonia daquela localidade.[69] Nesse ano *A India Portugueza* estampou o conto "A noite de fora de casa", por P. S., com cenário e personagens goeses, narrado como um caso virtualmente ocorrido, o que situou o texto entre o conto e a crônica. Ainda nesse ano, ainda veio à luz uma crítica negativa aos *Quadros históricos de Goa*, de Barreto Miranda, recusando a interpretação do goês como um indivíduo sem consciência

---

67 Devi & Seabra (1971, p.212) não fornecem o período em que isso ocorreu.

68 Só pude consultar o primeiro exemplar do *O Independente do Norte*, de 14 de março de 1898, onde tem início a publicação do romance (pp.2-3), a qual provavelmente seguiu por diversos números.

69 A tradição teatral indiana é vasta e de extremo prestígio entre a população. O teatro culto ocidental, no entanto, teve reduzida presença na Índia portuguesa. Vale lembrar que no século XVII o padre Francisco do Rego escreveu diversas comédias, das quais parece que nada restou. No início do século XX, Luís Napoleão de Ataíde (? - 1909) publica diversas peças humorísticas (*A mulher do artista*; *O filho do mestre Jorge*; *A viúva do comandante*; *Nobreza de alma*), de sensibilidade ainda romântica. Mas é Ananta Rau Sar Dessai o maior dramaturgo goês, com vasta obra escrita para o teatro radiofônico, tais como *Os irmãos ideais*; *Fino e meio*; *Parvo e meio*; *A resolução do tumor da barriga*; *O amor é sacrifício*; *A força do sexo fraco* etc.

Origem e estabelecimento da imprensa e da literatura em Goa   71

de sua dependência e submissão em face da metrópole. Quem assinou foi W. F. de P. e S. P., isto é, Wenceslau Proença.[70] Apareceu, nesse mesmo ano, na seção "Folhetim", um pequeno episódio do *Mahabarata*,[71] o que revelava interesse pela revalorização do hinduísmo; interesse que ainda teria de esperar algumas décadas para se consolidar. Herculano continuou a se fazer presente numa longa carta sobre o casamento civil, recolocando mais uma vez em cena a questão do casamento, um dos temas centrais do romantismo, que ganhou em território goês a dimensão de conflito cultural entre costumes europeus e indianos.[72]

As línguas locais na imprensa

Surgiu, dirigido por Cunha Rivara, *O Chronista de Tissuary* (janeiro 1866 junho 1869, 4v.), periódico mensal, impresso na Imprensa Nacional, que dava prosseguimento à publicação de documentos históricos sobre a Índia portuguesa. E, para a alegria do historiador, que sempre divulgou os estudos de concanim, apareceu *O Ramalhetinho* (janeiro, 1866 e março – abril 1870), primeira publicação editada em português e concanim,[73] sob a direção de Miguel Vicente d'Adreu. Saíram, ao que parece, somente três exemplares, trazendo em suas páginas hinos e canções profanas.

---

70 "Uma palavra sobre o que fomos e o que somos" (*A India Portugueza*, n.283, p.1, 30 maio, 1866).

71 Um episodio (*A India Portugueza*, n.288, p.1-2, 4 julho, 1866).

72 Estampada nos números 274, 275 e 276 de 1866 de *A India Portugueza*.

73 Em 1859 aparecia em Bombaim um mensário trilíngüe (português-concanim-inglês) intitulado *O Liberal*, que foi editado de janeiro a outubro de 1859 e dirigido por Aleixo Casimiro Lobo. Essa imprensa trilíngüe teve maior expressão no final do século XIX (Lopes, 1971, p.127). Infelizmente não foi possível localizar um único exemplar desse periódico, que é um verdadeiro paradigma da situação lingüística do indo-português de Bombaim.

72 Oriente, engenho e arte

Do material aqui consultado,[74] as canções em concanim eram cinco. Quatro tratavam da cerimônia de casamento e uma tematizava a dança mandó. As em português eram três: uma em homenagem ao rei D. Luís I, outra tratando dos lamentos a sua amada de um homem condenado à morte, e a última sobre os maridos que se deixam dominar pela mulher, reaparecendo aqui esse tema tão caro aos goeses.

É interessante notar a procura de instituir o concanim como língua literária, o que aconteceu efetivamente no final do século, quando apareceu, em Carmonã, Salcete, *A Defesa Nacional* (1894), e, em Bombaim, *O Concanim* (1892-1894), *O Luso-Concanim* (1892-1894), *O Intransigente* (1892), *A Luz* (1894-1916), *A Opinião Nacional* (1894-1895), o *Udentechém Salok* (1894-?), e *The Echo* (1897-1922). A partir do início do século XX, houve, além de publicações bilíngües, periódicos exclusivamente em concanim. O mesmo dar-se-ia com a língua marata, tendo o primeiro periódico marata-português aparecido em 1882, em Parcém, intitulado *Jornal das Novas Conquistas* (Lopes, 1971, p.99).

Um debate aqui dentro

Outro periódico literário desse ano foi o *Goa Sociável* – 15 março a novembro 1866 (1v., 88pp.) – impresso na Imprensa Nacio-

---

74 Na Biblioteca Nacional de Lisboa, só foi possível consultar um único exemplar do periódico, que se encontra dividido em duas partes – em concanim e em português, cada parte com numeração própria, porém formando um mesmo exemplar, como afirma o texto introdutório. Há ainda alguns outros poemas encadernados em conjunto, não sendo provável, no entanto, pertencerem à mesma revista, já que os tipos gráficos empregados são distintos. A informação corrente de terem sido publicados três exemplares pode ter origem nessa encadernação, o que resulta duvidoso, pois apesar da numeração distinta, as partes em concanim e em português pertencem a um único exemplar, sendo o terceiro apenas suposto que pertença a *O Ramalhetinho*.

nal e que teve por redator Manoel Joaquim da Costa Campos. Pretendia atingir a todo cidadão goês sem distinção, propondo-se a publicar notícias históricas sobre Goa e seus filhos, "escolhidos romances originaes, imitados e traduzidos", poemas, crítica sobre novas publicações, impressões sobre a Goa antiga, variedades. Negava lugar à política portuguesa na sua expressão partidária, mas reservava lugar para comentários sobre a política local. Extraía matérias do *Archivo Pittoresco* e de outros periódicos.

De valor, estampou, em 1866, uma crítica bibliográfica sobre *O Chronista de Tissuary*, comentando as atividades de Cunha Rivara em Goa, que era pago pelo governo português para trabalhar com a historiografia daquela colônia. Nesse ano, publicou também um longo conto ambientado em Goa, de Antônio de Oliveira, intitulado "A voz do mundo", e os poemas "A caridade", de F. Gomes de Amorim, "Sê feliz", de M. J. da Costa Campos, "Ultimo canto (imitação livre)", de T. Mourão, e "A voz do Mandovy – Á memoria do Exmo. Conde de Torres-Novas", de A. Lopes Mendes. Vale aqui destacar a trama ultra-romântica de "A voz do mundo", que impressiona por suas peripécias de verve romântica, toda ambientada em Goa.

Em 1867, Jacinto Caetano Barreto Miranda publicou, então em *O Ultramar*, um segundo artigo sobre a literatura indo-portuguesa, "O sermão de Santa Cruz dos Milagres de Sebastião do Rego", ainda nesse ano, em *A India Portugueza*, Wenceslau Proença publicou "As castas", uma crônica da perspectiva cristã sobre a estratificação social hindu, e também um conto intitulado "Marido de mulher casada". Francisco Luís Gomes, o autor de *Os Brahamanes*, colaborou, no mesmo periódico, com dois roteiros de viagens: "Inglaterra – Tres dias de campo" e "De Londres a Paris – Caminho de ferro de Dover".

Um cronista anônimo de *A India Portugueza* resolveu atacar a até então imaculada imagem de intelectual e erudito sustentada por

Cunha Rivara. Apesar de assinar os artigos com os mais diversos pseudônimos, estilisticamente era evidente tratar-se de um único redator. Seus primeiros artigos, designando Rivara como "rato da biblioteca de Évora", procuraram desqualificar a produção historiográfica do autor português e logo partiram para desqualificá-lo como erudito, buscando apresentar provas de sua falsa erudição.

O anônimo cronista estreou no periódico em 12 de junho de 1867, com o folhetim "Revista do mez – Summario", assinando "Um seu criado", sem nenhuma referência a Cunha Rivara. Em 10 de julho, veio o artigo "Folhetim (ou scena comica) O Adormecedor", afirmando que os textos históricos de Rivara provocavam uma epidemia sonífera em toda a população goesa, a qual estava cada vez mais sem iniciativa e sem vontade própria, assinando dessa vez como "O Chronista de Pangim". Com "A mão do finado", subscreveu o folhetim "Rato da bibliotheca d'Evora", transferindo todas as más características do animal a Cunha Rivara, enquanto o pseudônimo de Monte Christo assinou o "Folhetim. Summario – Chi-Tung-Sé-Bú – O rato e a mão do finado – O Sr. Loyola e as pillulas de Holloway", mantendo a mesma ironia sobre os trabalhos de Rivara. Finalmente, houve a explicitação dos motivos políticos que fundamentaram as críticas até então elaboradas em "Pilherias do Sr. Rivara", assinadas por O Investigador.[75] Assim, as acusações tomaram dimensão exclusivamente política, deixando o espaço do folhetim e passando a ocupar o lugar dedicado aos textos políticos nos periódicos. Passaram a ser redigidas em tom mais sério e talvez por outro redator.

Apesar de iniciar com críticas de ordem intelectual e literária, ao ler-se o conjunto dos folhetins desse sarcástico cronista, é fácil

---

75 O debate continuou fora do espaço do folhetim com os artigos "As bravuras do sr. Rivara", "O sr. Rivara e a moralidade do paiz", "As bravuras do sr. Rivara", "Aos defensores do sr. Rivara", "O Ultramar e o sr. Cunha Rivara", entre outros.

deduzir que o problema era, de fato, político. Cunha Rivara ocupava o cargo de primeiro-secretário do governador Pestana e tomava atitudes que, segundo os redatores e cronistas de A India Portugueza, beneficiavam os amigos dele. Coincidentemente ou não, os amigos de Cunha Rivara encontravam-se entre o grupo que redigia O Ultramar – que tomou a defesa de Rivara –, e então tudo se encaixava, já que havia forte rivalidade entre os chardós de A India Portugueza e os brâmanes católicos de O Ultramar.

Independentemente da veracidade ou não das acusações dirigidas ao então primeiro-secretário do governo, a habilidade com que foram escritas, em estilo extremamente pessoal – com o emprego de ironia e de diversos recursos formais, como o da livre associação de palavras, de largo coloquialismo e mesmo do nonsense –, resultaram, no entanto, em especial graça e revelaram um cronista que sabia usar de sua pena, de quem apenas sabemos que escrevia de Pangim.

Em 1868, apareceu em A India Portugueza o conto de Costa Campos e "Missa regimental", narrativa sobre o costume de fazer que os integrantes não-católicos dos regimentos do exército assistissem obrigatoriamente à missa, o que levava a uma situação degradante do ato sacro. A já mencionada escritora Maria Helorica Valeriana Pereira estampou nesse periódico "Duas irmãs rivaes", que peca por alguma confusão narrativa no início da trama, mas que acaba por se resolver em rasgos ultra-românticos de drama e paixão. Vale recordar que, em 1844, O Compilador publicara um conto anônimo, intitulado "As irmãas rivaes", que apontava para o gosto goês das temáticas que giravam em torno das idéias de casamento e unidade familiar.

Outro conto de grande interesse que apareceu em A India Portugueza, em 1868, foi o de Wenceslau Proença, intitulado "Uma golfada de sangue", narrando um caso de assassínio tendo por fundo o cenário de Goa.

A década de 1870 e Tomás Ribeiro

Em 1870, chegou a Goa Tomás Ribeiro, para ocupar o cargo de secretário-geral do governo, que Cunha Rivara então abandonava. Ali permaneceu por pouco mais de um ano; nesse curto período, porém, exerceu influência fortíssima sobre a vida cultural local, revitalizando a voga da poesia romântica junto aos jovens goeses. Entre os poetas que ali começaram ou aqueles que, já tendo trabalhos anteriores, foram valorizados, lembremos Joaquim Mourão Garcês Palha, Tomás de Aquino Mourão Garcês Palha, Joaquim Filipe Nery Soares Rebelo, José Joaquim de Carvalho, Leandro Xavier Pereira, Guilherme Moniz Barreto e Floriano Barreto.

Durante a década de 1870, apareceram novas publicações periódicas de teor literário, já não, porém, em igual quantidade à da década que se findara. A mais importante das publicações desse período e uma das mais importantes publicações de Goa surgiu em 1872, com o título de *Instituto Vasco da Gama* (Nova Goa, janeiro 1872 – dezembro 1875). Era a revista da instituição homônima que publicava os trabalhos dos membros do instituto, contando entre seus colaboradores com Tomás Ribeiro, Tomás de Aquino Mourão Garcês Palha, José Leite, José Frederico d'Assa, Jacinto Caetano Barreto Miranda; Tolentino Ferrão, Manuel de Campos e Pedro Gastão Mesnier.

Era um periódico fundamentalmente histórico e científico, publicando, no entanto, alguma matéria de interesse literário. Ali Cunha Rivara estampou alguns relatos de viagem, que poderiam ter interesse para o conjunto de sua obra, por serem textos de sua própria lavra, não simplesmente compilados. Esse era o caso da "Jornada a Saunto Varim, Vingorlá, e Malvana em 1856, por J. H. Cunha Rivara", "Jornada ás praças do Norte em 1859, por J. H. Cunha Rivara", além do texto histórico "Noticias dos reis de Goa da dynastia kadamba".

Apareceu também um longo poema de Manuel de Campos, intitulado "Recordações", e alguns outros textos de interesse, tais como "Linguas da India", de J. F. de Sequeira, ou ainda dois textos de Suriagy Ananda Rau: "Memoria sobre o systema philosophico da India, comparado com outros systemas, especialmente o catholicismo" e "Conferencias litterarias e scientificas entre os antigos hindus – memoria historica pelo socio-effectivo Suriagy Anandá Ráu".

Logo a seguir, surgiu o *Album Litterario* (abril 1875 ao menos até 1880), publicação mensal, cujo primeiro número saiu nos prelos de *A India Portugueza*, em Orlim, e os outros na Imprensa Nacional. Saía muito irregularmente, e, em fevereiro de 1877, haviam sido editados apenas nove exemplares, aos quais tivemos acesso. Tinha por diretores Narciso Archanjo Fialho e Antônio Félix Pereira.

Apresentava o mesmo projeto tipográfico de a *Illustração Goana*, apenas com tamanho da página maior, assim como o tipo empregado, o que conferia maior leveza visual à publicação. Tinha também a mesma estrutura da *Illustração Goana*, abrindo todos os exemplares com a biografia de uma personalidade ilustre, seguida de literatura ficcional goesa ou de alguma matéria científica, ficando os poemas para o fim do exemplar.

Trazia, no entanto, menos matéria literária. Quanto à poesia, por exemplo, havia poucos colaboradores. Além de um poema de Manuel Campos, intitulado "A leitura do romance Miragaia de A. Garret", todos os outros que ali encontramos eram de autoria de Christovão Pinto: "O teu rosto", "Fragmento", "Caeli Enarrant (psalmo 18)", e "Para recitar ao piano".

Em prosa, apareceu um único conto de Wenceslau Proença, "De como lhes ventou a fortuna", e a crônica "Zatrá de fogo", de Plácido de C. Campos Júnior. Sobre literatura, temos o texto de Pedro Antônio de Souza, "A literatura da India", valendo registrar ainda "A architetura (pagina solta)", de A. F. Ferreira. Era um grupo de litera-

78   Oriente, engenho e arte

tos novos, com forte influência de Tomás Ribeiro e do romantismo convencional que representava. Trazia também alguma participação dos literatos mais antigos na pessoa de Wenceslau Proença.

Em 1875, apareceu O *Mensageiro*, periódico de caráter eminentemente político e de notícias, apresentando apenas um folhetim intitulado "A freirinha", sem indicação de autor.[76] Dois anos depois, apareceu o mensário A *Estrea Litteraria* (15 abril 1877 ao menos até 1880). Era publicado na tipografia de O *Ultramar*, em Margão, e tinha por redatores Caetano Francisco Filomeno de Figueiredo, João Joaquim Roque Corrêa Affonso, Joaquim Mariano Alexandrino Álvares, José Filippe Álvares Júnior, e José Nicolau da Silva Albuquerque.

Em 1878, José Gerson da Cunha apresentou, no Congresso Orientalista Internacional, sua *Memória sobre a literatura portuguesa em Goa*, que, todavia, parece jamais ter sido publicada (Devi & Seabra, 1971, p.248). Esse trabalho, no entanto, juntamente com os de Jacinto Caetano Barreto Miranda, veio consagrar o movimento literário em Goa na segunda metade do século XIX.[77]

Foi também 1878 o ano em que Moniz Barreto deixou Goa para dar continuidade a seus estudos em Portugal. Podemos considerar que o futuro escritor e crítico deveu suas primeiras letras ao meio literário indo-português, que, apesar de restrito, fora bastante agita-

---

76 Consultei apenas os exemplares de 8 a 16 (1872) e o 24 (1873). Periódico com quatro páginas por exemplar.

77 Em razão de interesse em registrar os elementos e indivíduos que de algum modo contribuíram para integrar a comunidade de língua portuguesa, lembremos ainda Caetano Xavier Taumaturgo dos Remédios Furtado (1861-1922), nascido em Colvá. Em 1887, formou-se em direito em Lisboa, exercendo o cargo de juiz da Relação em Moçambique. Escreveu dois romances, *Doutor Olímpio* e *A renovação da Irenia* (Porto, 1906), produzindo uma literatura extremamente convencional (Devi & Seabra 1971, p.205).

do; meio que, tal como o jovem goês, encontrava-se ávido por ampliar seus horizontes.

Entre as diversas publicações que surgiram nas duas últimas décadas do século em Goa, vale registrar o semanário *Periódico do Povo* (outubro 1883 - 1884), editado em São Tomé, por Joaquim Conceição Antão. Ali foi reeditada em 1884 uma "Conferencia publica feita no dia 11 de outubro de 1883 no salão nobre da Imprensa Nacional do Rio de Janeiro por Jayme Victor",[78] que fez referência a Castro Alves e Gonçalves Dias, Pedro Américo e Victor Meirelles, Carlos Gomes etc. Enfim, foram ali relacionados diversos artistas brasileiros (escritores, pintores, músicos) de índole nacionalista. A presença dessa conferência ganha vulto se considerarmos que foi justamente nesse período que Goa começou a investir na construção de uma identidade peculiar e frontalmente distinta da identidade portuguesa metropolitana. Evidentemente, o Brasil funcionava como modelar em se tratando de autonomia política e cultural por parte de uma ex-colônia portuguesa.

Em 1894, ao mesmo tempo que morria, com apenas 31 anos, o mais afamado literato oitocentista de origem goesa, Muniz Barreto, sem estabelecer nenhum vínculo mais estreito entre sua atividade literária em Portugal e sua origem colonial, nascia nas publicações goesas uma nova mentalidade, que gerou um movimento literário

---

78 Além da conferência referida, citamos outros artigos de interesse cultural e literário que pudemos identificar nos exemplares do periódico consultados: Jayme Victor, "Conferencia publica feita no dia 11 de outubro de 1883 no salão nobre da Imprensa Nacional do Rio de Janeiro por..." [continuação do n. anterior]; Henrique Lasserre, "Nossa Senhora de Lourdes por... Obra honrada com um breve especial de Sua Santidade o Papa Pio IX – traduzida do frencez"; (*A Verdade do Funchal*) "Fim desgraçado dos perseguidores da Egreja"; Andre Francisco Romualdo da Costa (*Orlim*, 15.1.1884), "Quanto importa no mundo ter homem, ou não ter homem"; João de Mendonça, "Livros e palcos – Scenas burguesas".

80 Oriente, engenho e arte

genuinamente goês no século XX, fundamentado na valorização da tradição hindu.

Foi quando teve lugar, no folhetim de *O Ultramar*, a publicação do romance *Jacob e Dulce – cenas da vida indiana*, do goês Francisco João da Costa, que assinava com o pseudônimo de Gip. Editado em livro em 1896, teve um enorme êxito de vendas. Gip fazia uma dura crítica à sociedade goesa, desmascarando as mais ocultas fraquezas da burguesia local (Devi & Seabra, 1971, p.203). Foi, pois, quando o idealismo romântico deu lugar a uma visão realista e sociologicamente crítica da realidade goesa.

Considerações finais

O pouco emprego do concanim e do português falado em Goa na literatura durante o século XIX, assim como a pouca representação literária da realidade concreta indo-portuguesa, podem ser tomados como um indicador do forte vínculo que a comunidade goesa possuía com Portugal.

Os goeses colocavam-se no espaço letrado de língua portuguesa como cidadãos portugueses, e, portanto, as marcas de identidade regional eram socialmente pouco enfatizadas e valorizadas. Em contrapartida, não chegavam a cantar sua identidade lusa em verso e prosa. Um dos traços característicos da produção literária romântica em Goa era justamente a quase ausência da temática nacionalista, tão cara aos olhos dos românticos em Portugal. Muito próxima da literatura da metrópole, especialmente daquela produzida em Lisboa, a literatura goesa oitocentista não se preocupou, no entanto, em imitá-la no que concernia à exaltação da nacionalidade. Isso só ocorreu no final do século, como foi observado, mas já no sentido regionalista goês e não no sentido nacionalista português.

A auto-imagem que o goês tinha como cidadão português era bastante controvertida, uma vez que os portugueses metropolitanos já não demonstravam grande apreço por aquela colônia empobrecida e repleta de conflitos internos. Para Portugal, desde o século XVIII, Goa definitivamente se tornara um peso, que só aumentava com o passar dos anos. Assim, não havia grande estímulo para o goês cantar sua identidade portuguesa, ao mesmo tempo que também não havia interesse em marcar sua identidade indiana no espaço letrado de língua portuguesa.

É verdade que alguns autores trabalharam com temática e ambientação regionais, como vimos fazer Júlio Gonçalves ou Antônio de Oliveira. Mas, tomado em seu conjunto, os literatos oitocentistas goeses pouco investiram em definir ou marcar seus traços regionais. Voltaram-se, sim, para o andamento literário da metrópole, procurando ampliar ao máximo os espaços literários locais. Era visível que a produção literária em Goa ganhava mais e mais vida com o decorrer do século. Reproduziam-se debates ocorridos na metrópole, assim como criavam seus próprios debates. As publicações iam ganhando em profissionalismo. A diversidade de propostas jornalísticas cresce consideravelmente no decorrer do século.

No que concernia à dinâmica interna do movimento periodístico, os goeses tomaram inicialmente o modelo de revista ilustrada de *O Panorama* – em *O Encyclopedico* e *O Compilador* – e passaram, já na década de 1860, ao modelo da *Revista Contemporânea de Portugal e Brasil* – como foi o caso da *Illustração Goana* e mais tarde do *Album Litterario*. A escolha da *Revista Contemporanea* como modelo a ser imitado corroborou a vontade de integrarem-se na perspectiva intercontinental que se apresentava no horizonte daquela publicação.

Portugal era a referência maior, principalmente na figura de seus representantes ali enviados, tais como Cunha Rivara ou Tomás Ribeiro. Em concordância com os princípios românticos, eram mui-

82 Oriente, engenho e arte

tas vezes esses os maiores instigadores da valorização de uma cultura regional goesa, ainda que dentro da perspectiva colonialista. Cunha Rivara, por exemplo, foi um dos primeiros a promover e valorizar a cultura local por meio dos estudos do concanim, língua original de Goa, viabilizando a publicação de diversas obras sobre o assunto e chegando a escrever um ensaio histórico sobre o idioma.[79] Essa valorização da cultura goesa passou também por seus trabalhos historiográficos, não só pela divulgação de documentos importantes – como as cartas e privilégios já referidos –, mas também pelo estímulo a toda e qualquer iniciativa nesse sentido, chegando a aglutinar em torno de sua figura um grupo de entusiasmados estudiosos, entre eles, Filipe Nery Xavier,[80] Miguel Vicente de Abreu,[81] Jacinto Caetano Barreto Miranda,[82] e mesmo José Antônio Ismael Gracias[83] e Antô-

---

79 *Grammatica da língua Concany, composta pelo Padre Thomaz Estevam e acrescentada por outros padres da Companhia de Jesus. Segunda impressão correcta e annotada: a que precede como introdução a "Memória sobre a distribuição geographica das principaes linguas da India", por Sir Erskine Perry, e o "Ensaio historico da língua concany", pelo editor* (Nova Goa, 1857). Além dessa, promoveu a edição da *Grammatica da língua concany no dialecto do norte, composta no século XVII por um missionario portuguez: e agora pela primeira vez dada a estampa* (Nova Goa, 1858); da *Grammatica de língua concani, escripta por um missionario italiano* (Nova Goa, 1859); e do *Diccionario portuguez-concany*, composto por um missionario e publicado por J. H. da Cunha Rivara (Nova Goa, 1868).

80 Filipe Nery Xavier possui vasta obra historiográfica. Para este trabalho, interessa destacar sua colaboração em *O Gabinete Litterario das Fontainhas*; as *Folhinhas ecclesiaticas, historicas e estatisticas para a Metropole de Goa, para os annos de 1840, 1841, 1842, e seguintes até 1845* (Nova Goa, s. d.); e o *Relatorio e catalogo da Exposição industrial da India Portugueza* (Nova Goa, 1861).

81 Abreu traduziu do inglês o importantíssimo texto do reverendo Diniz L. Cottineau de Klogen, *Bosquejo histórico de Goa* (Nova Goa, 1858), e publicou sua *Viagem de Goa a Bombaim* (Nova Goa, 1875), além de colaborar em *O ultramar* e na *Sentinela da liberdade*.

82 Miranda escreveu os *Quadros históricos de Goa* (Margão, 1863).

83 Gracias escreveu, entre outros trabalhos, *A imprensa em Goa nos séculos XVI, XVII e XVIII* (Nova Goa, 1880).

nio Anastácio Bruto da Costa,[84] já discípulos de segunda geração, por intermédio de Felipe Nery Xavier, seu maior herdeiro.[85] Cunha Rivara era, pois, o responsável pelo início da elaboração de uma historiografia moderna em Goa, sempre da perspectiva do colonizador.[86]

Tomás Ribeiro foi o fundador do Instituto Vasco da Gama e de sua revista mensal, editada de janeiro de 1872 a finais de 1875, sob a direção de Cunha Rivara, Manuel de Carvalho de Vasconcelos e Júlio Gonçalves.[87] O poeta instigava os estudos literários e a produção de poesia de cunho marcadamente romântico por parte dos goeses, sendo exemplo disso a já comentada revista *Album Litterario*.

Como foi possível constatar, o Brasil tinha recorrente presença nas revistas goesas, aparecendo sempre em artigos de toda a natureza e participando do debate supracitado sobre literatura e língua portuguesas, funcionando sempre como modelo alternativo ao da

---

84 Costa publicou *Goa sob a dominação portuguesa* (Margão, 1897) e *As revoluções na Índia portuguesa durante o século XIX* (Margão, 1898), além de diversos outros trabalhos historiográficos.

85 Além desses, vale destacar entre os historiadores goeses oitocentistas, já mais para o final do século, o padre M. J. Gabriel de Saldanha, que escreve a primeira obra panorâmica da historiografia goesa, a *História de Goa (política e arqueológica)* (1898), e também Cristóvão Aires, autor de inúmeros trabalhos em história (em especial, história militar) e em literatura (contos e poemas). Em Bombaim, colônia britânica, são produzidos nesse momento importantes trabalhos historiográficos sobre Goa, especialmente de dois portugueses ali radicados: José Nicolau da Fonseca e José Gerson da Cunha.

86 Os trabalhos para a elaboração de uma história de Goa iniciaram-se, de fato, no século XVI, quando em 25 de fevereiro de 1595 mandou-se instalar um arquivo para a documentação governamental denominado Torre do Tombo do Estado da Índia que, entre altos e baixos, manteve-se até 1840, quando foi definitivamente extinto. É a partir desse arquivo que Cunha Rivara irá revitalizar os estudos historiográficos em Goa, publicando muitos de seus documentos (cf. Pissurlencar, 1955, p.X-XXI).

87 Finda em 1875, a revista ressurgiu somente em 1926, agora sob a designação de *Boletim do Instituto Vasco da Gama*, quando também o instituto acabara de ser restabelecido (1924).

metrópole portuguesa no que se referia ao emprego estilístico da língua portuguesa.

Quanto à literatura propriamente dita publicada nos periódicos goeses, eram predominantes os detalhados relatos de viagem, o conto de fundo histórico ou moral ao modo de Herculano, o poema ao modo de Castilho, Soares Passos ou Tomás Ribeiro, a prática do texto ou do poema laudatório, em homenagem a, em memória de, ou dedicado a esta ou àquela personalidade. Destacam-se, nessa produção, os trabalhos de Júlio Gonçalves, os de M. J. da Costa Campos ou os do anônimo cronista de *A India Portugueza* que atacava o rato da biblioteca de Évora, além de diversas obras isoladas.

Se podemos identificar uma crescente sedimentação do espaço literário goês a partir das transformações das publicações periódicas, também podemos notar que isso se deu de modo muito distinto do que ocorreu no Brasil. Ocupando um entrelugar, a comunidade intelectual goesa não podia se desprender da identidade lusitana, nem negar a sua raiz e realidade indianas, sendo obrigada a manter-se em equilíbrio entre essas duas forças. Seus mais empenhados integrantes, como Júlio Gonçalves ou Filipe Nery Xavier, tiveram o grande mérito de sedimentar uma cultura letrada de língua portuguesa, garantindo seu vínculo com as realidades portuguesa e indiana, por mais conflituoso que hoje possa nos parecer.

Referências bibliográficas

AZEVEDO, R. Á. de. *A influência da cultura portuguesa em Macau.* Lisboa: Instituto de Cultura e Língua Portuguesa, 1984.

COSTA, A. M. da. *Dicionário de literatura goesa.* Macau: Instituto Cultural de Macau, Fundação Oriente, s.d., v.2.

CARREIRA, E. Moçambique, Goa e Macau durante as guerras napoleônicas, 1801-1810. In: MATOS, A. T. de, THOMAZ, L. F. F. R. (Dir.) *As relações entre a Índia portuguesa, a Ásia do sueste e o Extremo Oriente.* Actas do VI Seminário Internacional de História Indo-Portuguesa. Macau-Lisboa, 1993.

COSTA, A. A. B. da. *Goa sob a dominação portugueza*. Margão: Typographia de O *Ultramar*, 1896.

COSTA, Orlando da. *A Literatura Indo-Portuguesa Contemporânea: Antecedentes e Percurso*. (Comunicação proferida na Conferência Internacional "Vasco da Gama a Índia", Fundação Caloustre Gulbenkian, Lisboa, 1999).

_____. *As revoluções na Índia portuguesa durante o século XIX*. Margão: Tipographia de O *Ultramar*, 1898.

DEVI, V. & SEABRA, M. de. *A literatura indo-portuguesa*. Lisboa: Junta de Investigações do Ultramar, 1971, 2v.

DIAS, Filinto Cristo. *Esboço da História da Literatura Indo-Portuguesa*. Tipografia Rangel, Bastorá, 1963.

FERNANDES, L. C. O livro e o jornal em Goa. *Boletim do Instituto Vasco da Gama* (*Pangim*) n.25, p.41-54; n. 27, p. 82-96, 1935; n.30, p. 65-77, 1936.

FERREIRA, Alberto. *Bom senso e bom gosto – questão Coimbrã*. Lisboa: Portugólia, 4v.

GOMES, Francisco Luís, *A liberdade da terra e a economia rural da Índia portuguesa*. Lisboa Tip. Universal, 1862.

GRACIAS, J. A. I. *A imprensa em Goa nos séculos XVI, XVII e XVIII*. Nova Goa: Imprensa Nacional, 1880.

LOPES, A. dos M. *Imprensa em Goa*. Lisboa: Edição do Comissariado do Governo para os Assuntos do Estado da Índia, 1971.

MIRANDA, J. C. B. *Quadros históricos de Goa*. Margão: Typographia de O *Ultramar*, 1863. Caderneta I.

PISSURLENCAR, P. S. S. *Roteiro dos arquivos da Índia portuguesa*. Bastorá: Tip. Rangel, 1955. (Introdução e notas)

SALDANHA, M. *A primeira empresa em Goa*. Bastora, Goa: Tipografia Rangel, 1956 (Separata do *Boletim do Instituto Vasco da Gama*, n.37).

SALDANHA, P. M. J. G. de. *História de Goa (política e arqueológica)*. 3. ed. Pref. de Ismael Gracias. New Delhi: Madras, Asian Educational Services, 1990 (Edição fac-símile à de 1925, sendo a primeira de 1898).

SOBRÉ, Nelson Werneck. História da imprensa no Brasil. Rio de Janeiro: Civilização Brasileira, 1966.

XAVIER, F. N. Prospecto. *O Gabinete Litterario das Fontainhas*, n.1, 1846.

Breve esboço da literatura de Goa em língua portuguesa contemporânea

Regina Célia Fortuna do Vale

Cruzar mares e oceanos, um ato de aventura e de intenção. Uma maneira existencial de, sob o sustentáculo de um passado, qualquer que ele seja, enfrentar o presente e perscrutar o futuro, sempre ignorado.

> Símbolo da dinâmica da vida. Tudo sai do mar e tudo retorna a ele: lugar dos nascimentos, das transformações e dos renascimentos. Águas em movimento, o mar simboliza um estado transitório entre as possibilidades ainda informes, as realidades configuradas, uma situação de ambivalência, que é a de incerteza, de dúvida, de indecisão, e que pode se incluir bem ou mal. Vem daí que o mar é ao mesmo tempo a imagem da vida e a imagem da morte (Chevalier & Gheerbrant, 1992, p.592).

Há 500 anos, a travessia dos mares estava imbuída da tarefa de encontrar novos caminhos através dos oceanos, sondar o futuro, descortinar o horizonte geográfico físico, do poder e do conhecimento. Porém, tudo isso sem uma preliminar reflexão acerca dos horizontes do pensar e do sentir das diferentes populações que, pela primeira vez, iam aparecendo ao longo desse percurso.

A sucessão dos factos deu lugar a fenómenos que, à luz da história do quotidiano, desfazendo aparentemente lendas, medos e mistérios, forçaram o alargamento da visão dos homens confrontados com inevitáveis comparações de modos diferentes de estar e viver, modos de

88 Oriente, engenho e arte

entender e defender valores, novas falas e novos gestos, em que as tentativas de persuasão dos primeiros encontros seriam secundadas pela imposição, ora da diplomacia das alianças, ora do ritual da dominação pela força – o tantas vezes odioso, ou pelo menos difícil, equilíbrio de forças em conflito, não necessariamente inimigas, entre dois desconhecidos que se encaram com justificadas reservas e apreensão (Costa, 1999, p.5).

Assim sendo, com o descobrimento do caminho marítimo às Índias, surgiram os heróis, os aliados e os traidores. Contudo, os portugueses, ao vivenciarem a ambivalência entre partida e chegada dessas longas viagens, eram os protagonistas desses eventos. Nessa condição, assumiram dois papéis ao mesmo tempo, de heróis e aliados, para logo depois se transvestirem em colonizadores que contracenam com seus antagonistas: os indianos colonizados e postados entre a insubmissão e a submissão.

Em Goa, os missionários e os portugueses leigos já tinham observado uma civilização muito antiga e desenvolvida, mas os "descobridores" e os missionários consideravam-se portadores de uma cultura superior que lhes dificultava a aceitação duma alteridade cultural no Oriente em termos de igualdade (Souza, 1996, p.17).

Após o empreendimento encetado por Vasco da Gama (1498), a Índia se estabeleceu como pólo irradiador de interesses e, portanto, foco de curiosidade e ambição. Por ela, forjaram-se também homens de valor destacado na história da expansão marítima portuguesa, homens de guerra e saber, homens que conheceram e falaram da Índia.

Responsável pela primeira frota armada portuguesa a atingir a costa ocidental da Índia, Vasco da Gama representa uma personagem emblemática do Renascimento, como guerreiro, navegador, empreendedor, responsável pelo impulso ao comércio das especiarias e de outros preciosos artigos orientais. Certamente, cônscio das relevantes implicações decorrentes desse empreendimento, não podia, no entanto, avaliar-lhe a abrangência, bem como sua complexa e árdua significação, principalmente no que diz respeito à comparação de civilizações de origens tão diferentes e incompatíveis, como aos seus mitos e crenças.

Ressaltamos ainda que, ao mesmo tempo que procedia a uma subversão espaço-temporal, disponibilizando ao Ocidente mercantil a rota de um próspero comércio, a viagem de Vasco da Gama inaugurou a difusão da fé cristã no Oriente.

Assim, à finalidade essencialmente material da empreitada, somou-se a "formação de um Estado cristão" (Devi & Seabra, 1971, p.14), que, ao infundir a nova mensagem cristã, transmitia também a novidade dos padrões laicos europeus, predestinados, em última análise, ao exercício da sua hegemonia sobre os autóctones.

> Houve que remover obstáculos, comparar sabedorias, decifrar e escrever alfabetos, aprender a manipular vocábulos, acertar pesos e medidas, substituir ritos, estabelecer regras. A semente da novidade na mão do missionário viria a revelar-se irmã gêmea da semente guardada na mão do colonizador. Uma e outra, lançadas no mesmo solo, introduziram novas culturas estranhas no seio de outras culturas tradicionais e nacionais e, na hibridez dos seus sucessos e insucessos, terão deixado mais frutos do que raízes, frutos cuja sobrevivência se tem prolongado até onde o rodar dos séculos tem permitido (Costa, 1999, p.6).

Tendo-se, então, em mira essa confluência de culturas, daqui adiante passaremos a uma breve explanação sobre as gentes das terras de Goa, consideradas sob o ponto de vista da criação literária.

Segundo o padre goês Filinto Cristo Dias, autor do *Esboço da história da literatura indo-portuguesa,* publicado em Goa no ano de 1963, Adeodato Barreto se insere entre as figuras mais representativas das letras goesas, pois sua obra poética constitui um ponto histórico de referência, na caracterização do conteúdo e da forma, junto à literatura de Goa em língua portuguesa.

Adeodato Barreto (1905-1937) foi autor de apenas duas obras publicadas, *Civilização hindu* (1935) e *O livro da vida* (1940), publicação póstuma, contendo uma coletânea de pouco mais de 30 poemas, escritos em Portugal entre 1929 e 1935.

A importância de Adeodato Barreto está vinculada a sua qualidade peculiar de criador literário e de propagador compenetrado da sua cultura nativa ante uma metropolitana.

Ao referir-se ao posicionamento literário assumido por Barreto, o escritor Orlando da Costa (1999, p.6) apresenta a seguinte observação:

em Adeodato Barreto penso encontrar-se a voz, porventura a primeira, de um escritor nativo com a ressonância da genuinidade de um sentimento e um pensamento conjugados num esforço de convergência daquilo a que chamarei a *indianidade* – (e porque não o embrião de uma *goanidade?*) – traduzida em língua portuguesa e tantas vezes ausente em outros escritores goeses, de nascimento, ascendência e vivência na sociedade de Goa.

Além disso, Costa (p.7) situa-o no percurso da produção literária goesa como

o verdadeiro e influente representante da *descolagem* das formas académicas e dos cânones estabelecidos, em que se enquadrou, quase como obediência, grande parte, se não a totalidade, das obras publicadas até ele, o fautor da autonomização e da passagem para a modernidade do verso livre e da recuperação de raízes do pensamento hinduísta, através de uma voz sincera, repassada por um sopro panteísta e uma exaltação, por vezes mística e emocionada, sobre o destino da sua terra natal. Não hesito em qualificá-la de nacionalista, não obstante a

Breve esboço da literatura de Goa em língua portuguesa contemporânea   91

indesmentível dimensão universalista do seu humanismo, testemunhada não só pela sua obra escrita como pela sua postura de cidadão consciente e interveniente, afastado de protagonismos e bem longe do lugar onde nasceu e cresceu.

Ao afastar-se dos moldes consagrados pelas formas acadêmicas impostas –, pertinentes em sua maioria aos padrões literários portugueses – Adeodato Barreto, portanto, comprova, na sua globalidade, aquilo que Orlando da Costa chama descolagem.

Essa postura, por conseguinte, de não-dependência, objetivando o resgate de uma identidade esvanecida pelos reveses da história, era de fato um valor cultural.

Para Filinto Dias (1963, p.3)

a história da cultura literária de Goa lusitanizada poderá ser repartida em três períodos, abrangendo o primeiro todo o espaço de tempo que vai desde a criação das escolas paroquiais em 1545 até o início da imprensa periódica com a publicação da *Gazeta de Goa*, em 22 de dezembro de 1821; a segunda fase cobre a actividade literária que se estende até à criação do Instituto Vasco da Gama, em 1871; e o terceiro período vai desde 1871 até aos nossos dias.

Passando de relance um olhar de comentário sobre esses três períodos, destacamos como fato relevante na história literária indo-portuguesa o desempenho da Igreja no contexto cultural de Goa. A instrução educacional, do nível elementar ao superior, estava sob a responsabilidade das várias ordens religiosas aí instaladas. Seguindo ainda na esteira de Filinto Dias (1963, p.5), a partir de 1545 até a implantação da reforma efetuada pelo Marquês de Pombal, no século XVIII, "não é de admirar que a cultura das letras constituísse património exclusivo do clero", reconhecendo-se que "a produção literária é tão escassa nesse período que só podem ser apontados como escritores quatro goeses", os quais produziram ensaios em tor-

92   Oriente, engenho e arte

no de assuntos como a biografia, a lexicografia e as castas. Nenhum deles produziu obras que se aproximassem da criação literária com propósitos artísticos.

A disposição para essa atitude só viria a ocorrer com a implantação da imprensa, que se incumbiria da publicação dos "periódicos" de feição literária que representavam uma força estimulante,

instilando no ânimo do goês instruído o mais vivo afecto às letras e aperfeiçoando-lhe simultaneamente o senso estético para o que contribuía, em grande parte, a abundante mas criteriosa reprodução que fazia nas suas páginas das escolhidas publicações da Europa e sobretudo dos excelentes artigos do *Panorama*, revista célebre dirigida por um nome glorioso na literatura portuguesa: Alexandre Herculano (Ibidem, p.9).

Note-se, no entanto, que, com o correr dos anos, a comunicação de informações culturais e a formação estético-literária efetuada por esses veículos sofreram forte declínio em razão da falta de interesse tanto por parte dos administradores na colônia como na metrópole. Jogados à própria sorte, foram gradativamente se restringindo à utilização de temas e formas arcaizantes, que ainda perduram.

Em paralelo à atuação dos periódicos literários, cuja divulgação se iniciou em 1839, está o empenho, igualmente importante às atividades de cunho literário, dos almanaques, que para Dias (p.7-8) constituem

repositórios de primícias literárias do goês (...) em que se registram as incipientes manifestações literárias do indo-português [e onde] (...) os novos que se sentissem com propensão às letras faziam a sua estréia sob a direcção dos escritores mais experimentados.

Com a diferença de um ano, respectivamente, de intermediação entre as primeiras publicações dos periódicos literários e dos almanaques, a partir de 1940, verificou-se uma tal proliferação desses últimos que o pesquisador goês Ismael Gracias catalogou mais de 40 "almanaques – publicações, geralmente anuais" (Devi & Seabra, 1971, p.147) – no século XIX.

Observe-se ainda que, situada entre duas vertentes distintas, ou seja, o peso remanescente de uma ancestralidade local e o influxo externo, a sociedade goesa estava suscetível aos acontecimentos históricos que ocorriam na metrópole, como o advento do liberalismo (1834) e a implantação da República (1910). Conforme é natural que acontecesse, esses fatos tiveram repercussão em Goa, derrubando, por exemplo, as barreiras da liberdade de expressão do pensamento, favorecendo o acesso dos goeses hindus ao ensino superior, a assumirem cargos de maior responsabilidade na administração pública e a tomarem parte na vida intelectual.

Reprimida, porém, no século seguinte pela política colonialista do Estado Novo, Goa submeteu-se a uma rigorosa privação da liberdade de expressão, pela censura, que se manteve até o fim da soberania portuguesa nesse Estado da Índia, em dezembro de 1961.

É oportuno assinalarmos as observações apresentadas pelos pesquisadores Devi & Seabra (1971, p.307), dizendo que em Goa

o século XIX terminou muito tarde (...) e o século XX talvez tenha começado mais tarde do que em qualquer outro país civilizado. (...) Não admira, pois, que os primeiros poetas (...) do nosso século sejam, por assim dizer, resíduos do século XIX enformados da mentalidade da psicologia dos tempos heróicos do liberalismo burguês.

Mediante essas formulações pertinentes – eximindo-nos, porém, de qualquer intenção redutora ou simplificante –, acreditamos estar a literatura de Goa em língua portuguesa contemporânea assentada sobre pilares de dois diferentes feitios, ou seja, um de um *ethos* oriental, remoto; e outro de uma ocidentalidade atualizada.

94   Oriente, engenho e arte

A seguir, passamos a um breve comentário sobre o percurso literário e sobre o processo criativo de três poetas goeses, que exerceram atividades fora de Goa, na metrópole, para onde se deslocaram a fim de dar continuidade aos estudos.

Os referidos poetas são Cristóvão Aires (1853-1930), Floriano Barreto (1877-1905) e Mariano Gracias (1871-1931), cuja postura literária em nada condiz com a mensagem de Adeodato Barreto.

Cristóvão Aires partiu para Lisboa, ainda bastante jovem, na companhia do poeta português e seu grande incentivador, Tomás Ribeiro. Dedicando-se ao jornalismo e à investigação histórica, deixou publicados cinco títulos de obras poéticas, dentre as quais a mais representativa das suas origens orientais é a coletânea *Indianas e Portuguesas*. O mais caracteristicamente indiano é o poema "O paria", em que podemos entrever os vestígios de uma consciência em conflito com a caridade cristã. No poema "Assistindo à representação de *Shakuntála*",[1] o poeta, por meio da memória, resgata o ambiente hindu, utilizando, por exemplo, termos como: lânguidas canções, sons de sarangui e tisnadas bailadeiras.

Floriano Barreto, ao falecer no Porto, com apenas 28 anos de idade, legou-nos um pequeno conjunto de poemas intitulado *Falenas*, abrangendo vários temas. Nessa pequena obra, publicada postumamente, em versos alexandrinos, encontra-se o poema "A bailadeira da Índia",[2] que resgata e deplora – "Ó bailadeira da Índia, ó filha da desgraça..." – os sons do *sarangui*, que "lentamente/ desprendem pelo espaço lânguidas doçuras". Aí deparamos com alusões à inspiração sensual, situada entre o desejo natural e o proibido.

---

1 *Shakuntála*: celebre poema diamático de kalidás, com clássico da literatura indiana entre os séculos IV e V.

2 Bailadeiras: dançarinas profissionais dos templos hindus, dedicadas à divindade e à prostituição.

Toma na tua dança o ondear da palmeira/ quando a brisa lhe beija a copa luxuriante. Nada do teu passo airoso e cadenciado,/ na elegância gentil do busto delicado,/ no mórbido luar dos teus olhos serenos/ sente-se bem que adeja um frémito de gozo,/ cheio de tentações, ignoto e delicioso,/ que infiltra na nossa alma uns cálidos venenos...

Ao finalizar, são ouvidos os guizos nos artelhos da bailadeira, os característicos *pāizonam*[3] hindus: "Tchin, Tchin!, ondeia o busto em curvas de serpente/ e desenrola o crasso olhar languidamente/ a esbelta sedução do colo escultural".

Mariano Gracias deslocou-se para a metrópole, onde se formou em direito, antes de completar 24 anos. Em razão de seu longo afastamento da terra natal, deu largas ao seu saudosismo escrevendo uma coletânea de poesias, reunidas sob o título *Terras dos Rajás*, em cujo discurso o poeta introduz uma certa indianização forçada, por meio de expressões que pretendem imprimir a cor local. Do poema "Oração a Súria", que se inclui nessa coletânea, podemos citar como exemplo os versos que falam da sua "doce infância/ Entre canções de muruonys" e dos "meus cantos infantis, meus risos, meus folgares,/ Através dos jardins e rúmuros palmares...". Também, ao descrever a terra natal no soneto "Goa", com clichês estereotipados e desgastados: "Terra de Rajás, moiras-encantadas,/ diamantes, rubis, pérolas, esmeraldas! .../ Eis a ditosa Pátria minha amada!"

É preciso salientar que, no discurso poético desses três autores, há uma destacada intenção por alcançar o perfeccionismo por meio de uma linguagem adornada com termos batidos, clichês do tipo lânguidas canções, lânguidas doçuras. Ou com a utilização de frases-

---

3 *Pāizonam*: adereços em prata trabalhada que se colocam nos artelhos; no caso da bailadeiras, são feitos com pequenos guizos.

efeito como o som do *sarangui*, canções dos *muruonys*, e imagens acerca da bailadeira. Aliás, a figura da bailadeira é um tema recorrente em grande parte dos poetas goeses cristãos, que, impelidos à procura de originalidade, decaíram num exotismo estéril. De tal forma isso ocorre que desse tema também se serviram poetas do quilate de Paulino Dias e Nascimento Mendonça, predecessores de Adeodato Barreto que destacaram em vista da qualidade superior dos seus estilos literários.

Esses dois poetas sempre estiveram circunscritos à terra natal, Goa; entretanto, revestidos das peculiaridades que os distinguiam, apresentaram pleno desenvolvimento tanto em referência à fluidez do discurso poético como à representação artística de suas duas heranças culturais, recebidas por via ocidental e oriental.

Paulino Dias, manifestando-se marcadamente sob os influxos de Victor Hugo e de Guerra Junqueiro, moldou com habilidade criativa o seu discurso poético, impregnado de uma temática enraizada no hinduísmo – atitude inusitada para quem foi educado na religião católica. A esse respeito, afirma Filinto Dias (1963, p.47):

> (...) o estro de Paulino Dias desabrochou quando, emancipando-se dos paradigmas estrangeiros, se deixou inspirar pela ambiência característica do seu país natal e pelo espírito e tradições da milenária civilização indiana.

Essa afirmação foi confirmada por Francisco Correia Afonso (apud Dias, 1935, p.XXII): "Paulino Dias afirmou a sua originalidade e entrou na plena posse do seu génio, quando se deixou inspirar pela alma da Natureza que o cercava e pelo espírito da velha Índia".

> Velho país hindu com templos nas florestas!.../ País de altas ranis com manilhas honestas,/ bailadeiras deitando os lúbricos sorrisos./ País

Breve esboço da literatura de Goa em língua portuguesa contemporânea   97

que viu nascer o Crishna das Legendas[4]/ e viu co'imóveis mãos o solitário Buda (Dias, 1935).

A formação científica adquirida como médico não afastou Paulino Dias da sua inclinação vocacionada às artes, principalmente a literatura. Essa postura assumida e o alto nível alcançado nas letras justificam a consideração atribuída ao poeta como figura "das que mais impressionam em toda história da literatura goesa. Não porque seja um génio, mas porque era um homem genial" (Devi & Seabra, 1971, p.311).

O outro poeta, Nascimento Mendonça, tem sido igualmente considerado de elevada importância, principalmente no que tange à questão da indianização na literatura de Goa em língua portuguesa. Embora seja na escrita, segundo Costa (1999, p.13), "mais dotado na sensibilidade e na capacidade de criação e tratamento da comunicação poética...".

Devi & Seabra (1971, p.315) reputam-no

como o maior poeta indo-português, [mas] apesar da sua imaginação e sensibilidade e da riqueza rítmica da sua poesia, não (...) parece que a sua personalidade consiga ensombrar a figura arrebatante de Paulino Dias. São dois poetas muito diferentes. Nascimento Mendonça era um homem de grande sensibilidade, talvez mais delicado.

Paulino Dias teve sua estréia poética quando ainda estudante de medicina com os poemas "Santa Cruz", "A lira da ciência", "Deusa de bronze", "Vishnulal" e os poemas heróicos e dramáticos incluídos na volumosa coletânea póstuma *No país de Súria*.

---

4 Crisma ou Krishna: encarnação do deus Vishnu.

98   Oriente, engenho e arte

Nascimento Mendonça, dotado de rara sensibilidade, apresenta poemas perpassados de sensualidade, ora ardente, ora contida. Entre os seus poemas, temos: "A morta", "Jangle", "Lótus de sangue e de ideal", "A tentação do Vaissia" e "Ervas de Hind".

O poema dramático mais conhecido é "Vatsalá", cujos versos, de acordo com Filinto Dias (1963, p.55), são "de grande densidade emocional", e que na voz da jovem e formosa bailadeira ficam assim:

> (...) que delírio me abrasa os seios palpitantes? .../ De perfumes ungi meu corpo de rainha,/ E venho por teu beijo ardente que alucina.../ Bem sei que tu és casto; e não vês que sou bela?/ No meu amor serás como o rei triunfante/ Que nunca teme a dor, porque pode esquecê-la (Mendonça, 1939, pp.1-2).

O padre Filinto Cristo Dias (1963) faz alusão ainda ao poeta Hipólito Menezes Rodrigues (1920-1947), que, na sua poesia lírica *Luz e trevas* (1950), não demonstra ter sido influenciado pela experiência dos que o antecederam.

Por sua vez, Devi & Seabra (1971) apresentam mais de uma vintena de autores, mas com destaque para Mário da Silva Coelho (1903), Alberto de Menezes Rodrigues (1904-1971), os hindus Laxmanrao Sardessai (1904), e R. V. Pandit (1917), cujas vozes são ainda inéditas na literatura de Goa em língua portuguesa.

É preciso não se esquecer de Telo de Mascarenhas (1899) e sua produção artística em Goa: *Poemas de desejo e consolação* (1970); *Goa – terra minha amada* (1972); e *Ciclo goês* (1973). Nessas obras, a terra natal está no âmago da sua inspiração e, portanto, sempre com uma bem-intencionada contribuição à goanidade. Mascarenhas foi perseguido politicamente, preso e exilado por defender idéias anticolonialistas.

Note-se, no entanto, que os indícios do final do período antecedente, ou seja, o do processo de indianização da literatura, surgem a partir das publicações de Mário da Silva Coelho, formado em direito em Coimbra, co-dirigente do jornal socialista *A Voz do Povo*. Silva Coelho foi autor de uma produção poética dispersa pela revista *Portucale*, no suplemento literário do jornal *A Batalha* e em jornais goeses como *A Índia Portuguesa* e *A Vida*.

Devi & Seabra (1971, p.322) assinalam:

> O indianismo como problema de consciência estava a ceder lugar (...) a um retorno às tradições luso-indianas e a uma paisagem caracteristicamente goesa, e os temas clássicos da literatura indiana começavam a ser substituídos por uma visão pessoal do mundo, em torno dos velhos problemas do homem.

Ou, em suma, "a uma universalização e preocupação com os problemas sociais da humanidade...", segundo Costa (1999, p.15). Na opinião de Devi & Seabra (1971, p.322), "o primeiro plenamente consciente nessa senda parece ter sido Orlando da Costa" (1929), que, partindo de Goa em 1947, estréia em Lisboa com *A estrada e a voz* (1951), seguido de *Os olhos sem fronteiras* (1953) e *Sete odes do canto comum* (1955). Essas obras, reunidas na Coleção Cancioneiro Geral, "revelam um poeta neo-realista com fundas raízes panteístas" (ibidem). Assim, a sua obra poética compreende poemas de amor, poemas com evidente propósito de intervenção social, e nos quais não encontramos a típica temática indiana.

Como se sabe, Orlando da Costa é apreciador de autores como Rabindranath Tagore, Miguel Torga e Eugênio de Andrade. Por ocasião da publicação da sua última obra poética – *Canto civil* (1979), que reúne seus três primeiros títulos, a coletânea *O coração e o tempo* (1979), Orlando da Costa estava sob o influxo de vozes como de Paul Eluard, Walt Whitman e Pablo Neruda.

A segunda metade do século XX assistiu à configuração de uma nova vitalidade, surgida no percurso da literatura de Goa em língua portuguesa contemporânea, tanto na poesia como na ficção em prosa.

100   Oriente, engenho e arte

Além do destaque especial auferido por Orlando da Costa, encontramos também Judit Beatriz de Sousa, Vimala Devi e Agostinho Fernandes.

Um olhar atento às poetisas mencionadas nos revelam a merecida importância que ocupam no cenário da poesia indo-portuguesa contemporânea, ora em razão da feminilidade autêntica que emprestam às suas composições, ora pela diferença quanto às respectivas posturas no campo da criação literária. Vimala Devi coloca-se como difusora das suas raízes, enquanto Judit Beatriz de Sousa assume-se como uma voz desapegada do seu lugar de origem: "Mais do que sempre/ esta/ é a hora do meu gesto suspenso/ da terra onde nasci/ da terra/ onde vivi/ da terra/ donde parti" (apud Costa, 1999, p.16).

Sua primeira obra, de Judit Beatriz de Souza, *Destino* (1955), apresenta uma temática intimista. Ao prefaciar seu segundo livro, *Gesto Suspenso* (1962), Jacinto do Prado Coelho (apud Devi & Seabra, 1971, p.322-3) a situa entre os poetas goeses que, "apenas voltados para o mundo subjetivo, não apresentam quaisquer laivos de indianismo, a não ser em traços, facilmente perceptíveis, duma sensibilidade melindrosa, dorida, que se retrai". Por esse motivo talvez, o crítico português atribuiu-lhe afinidades com os poetas portugueses Florbela Espanca e Camilo Pessanha.

Outra voz feminina de destaque na literatura indo-portuguesa é a de Vimala Devi, cujo primeiro livro publicado em Lisboa é *Súria*[5] (1962).

De acordo com João Gaspar Simões (apud Costa, 1999, p.17), "a originalidade e mesmo a modernidade dos versos de Vimala Devi devem-se ao 'caldeamento' da tradição indiana com a tradição portu-

---

5 Súria: deus-sol da mitologia védica.

guesa", chegando mesmo a dizer que "parece estar-se diante de um Camilo Pessanha que lesse Pessoa".

Vimala Devi (1962, p.13) procura, em si mesma, um resgate de Goa por meio da memória, para assim escolher as suas Vénus Drávidas, ou seja: "As curumbinas[6] (que) esvoaçam/ Por entre arrozais de ouro.../ Seus trajos risonhos, leves,/ Parecem fugir ao vento,/ Desnuando seios redondos/ Moldados por mãos de sonho!"

Com a publicação de *Hologramas* (1968) e *Telepoemas* (1970), a sua poesia passa a se distanciar das suas origens e adquire um viés de modernidade europeizante.

Terminando por aqui essa rápida incursão ao trajeto dos poetas goeses do século XX, seguimos em direção à ficção em prosa, referente ao mesmo período da literatura em Goa em língua portuguesa contemporânea.

É fato notório que na Índia não houve tradições romanescas, no sentido convencional de romance como forma narrativa e objeto de criação, conforme se entende atualmente. Originando-se do gênero literário no Ocidente, durante o século XIX, tem vida recente.

No ano de 1866, em Lisboa, o goês Francisco Luís Gomes (1829-1869) publicou o romance *Os brahamanes*, durante o transcurso do romantismo. Considerado romance de tese, trata do injusto sistema de castas, revestido de exotismo indiano; apresenta final feliz, mas a ação ocorre em algum lugar da Índia, e não em Goa.

Já *Os maharatas* (1894) de Leopoldo Dias, publicado com o subtítulo de "Paisagens indianas", segundo alguns estudiosos, não corresponde à estrutura exigível de um romance, embora Devi & Seabra (1971, p.202) afirmem ser "uma das primeiras obras de ficção da literatura indo-portuguesa".

---

6 Curumbins, curumbinas: camponeses de casta humilde.

102   Oriente, engenho e arte

Após dois anos da publicação de *Os Maharatas*, outra obra surgiu causando espécie na pequena sociedade goesa. Referimo-nos ao romance de Francisco João da Costa (1864-1901), intitulado *Jacob e Dulce – cenas da vida indiana* (1896). Sob o pseudônimo Gip, este autor realizara publicações semanais, durante mais de um ano, no jornal O *Ultramar*, em Margão, as quais foram reunidas no volume *Notas a lápis* (1896), cuja segunda edição data de 1897, com o título *Jacob e Dulce – cenas da vida indiana*: "Nenhum livro teve tanto êxito de venda em toda a história literária de Goa" (Devi & Seabra, 1971, p.203).

De acordo com Filinto Dias (1963, p.99), trata-se de "uma novela vincadamente regional, por isso que o autor com largo emprego de vocábulos e construções de português dialectal de Goa descreve vários tipos e usanças em voga na sociedade goense do seu tempo".

As personagens que desfilam nesse romance são extraídas da vida real, da sociedade goesa de seu tempo. Munido de uma escrita implacável de caricatura, o autor traz à tona o ridículo dos usos e costumes dos *batcarás*.[7] As personagens são caracterizadas em suas falas do português usado em Goa, isto é, uma fala que imita o europeu, cheia de confusões e pedante, constituindo, portanto, uma legítima criação literária. Devi & Seabra (1971, p.203) classificam essa obra como romance, "tendo em mente todas as dúvidas que esta classificação pode arrastar", embora registre Francisco João da Costa: "Para romancista nem tenho jeito, nem estudo, nem pena" (apud Devi & Seabra, 1971, p.204).

Gip não teve continuadores, a não ser José da Silva Coelho (1889-1944), que, em seus contos, fazia críticas irônicas a contemporâneos. Silva Coelho, cuja obra é constituída por contos publicados no diário O *Heraldo*, de Pangim, é, na opinião de Devi & Seabra

---

7 *Batcarás* ou *battcars*: senhores de propriedades rurais, constituídos como uma classe.

(1971, p.221), "um dos mais notáveis contistas goeses, que soube retratar o seu povo com uma autenticidade que ainda hoje dói". Foi leitor de Gip e Eça de Queirós.

Durante a segunda metade do século XX, no âmbito da ficção em prosa, dois autores da comunidade hindu se destacam. Laxmanrao Sardessai (1904) é autor de mais de uma dezena de livros escritos em marata, com tendências metafísicas e moralistas. Escreveu contos e poesias em língua portuguesa a partir de 1964, colaborando em *A Vida*, *O Heraldo* e outros jornais. Ananta Rau Sar Dessai (1910), que foi sobretudo dramaturgo, foi também idealizador do teatro radiofônico de Goa, hábil na criação de personagens e na construção de suas peças. Utiliza-se do conto como forma literária de caráter mais leve, para aplicar seus temas e personagens no teatro que cria, por meio de um estilo "popular, vivo, notavelmente fresco e real. É o português coloquial de Goa utilizado em todos os seus recursos expressivos como linguagem literária" (ibidem, p.223).

Somente em meados do século XX teremos expressivos contistas em língua portuguesa em Goa, como, por exemplo, Epitácio Pais (1928), autor de *Os javalis de Codval*, "um escritor extremamente preocupado com a vida à sua volta (...) debruça-se com amor sobre os homens e dá-nos deles quadros de vida cheios de verdade" (ibidem, p.227-8).

O último dos nomes a registrar como contista, com obra publicada em livro, é Vimala Devi (1932), autora do livro publicado em Lisboa, *Monções* (1963), no qual reúne vários contos breves, mas expressivos a respeito da sociedade goesa. Sobre ela, Costa (1999, p.19) apresenta o seguinte parecer:

> É curioso como Vimala Devi, uma cristã de família e educada dentro dos moldes de comportamento social do goês europeizado, consegue recriar personagens tanto de formação católica como da comu-

104 Oriente, engenho e arte

nidade hindu, movendo-se num mundo real e enfrentando, com especial habilidade e sem ridicularizar, as formas coloquiais correntes em Goa. É sem dúvida, uma contista da "goanidade".

Vimala Devi não mais se dedicou à ficção nem voltou a publicar em português nada de ficção em prosa, porém prosseguiu sua carreira como poetisa.

Ao retomarmos o romance, verificamos que a década de 1960 revelou à literatura de Goa em língua portuguesa duas novidades: *O signo da ira* (1961) de Orlando da Costa, e *Bodki* (1962) de Agostinho Fernandes. Dois romancistas que inauguraram uma nova era no campo da literatura indo-portuguesa contemporânea, ou seja, a do romance na sua concepção atual e universal. Cada um deles trata de uma realidade humana isenta de propósitos de exotismo ou de especulação folclórica. Todavia, descortinam ambos espaços e tempos ainda não conhecidos na literatura de língua portuguesa.

O signo da ira (cf. Vale, 1999), objeto da nossa dissertação de mestrado, foi publicado alguns meses antes do fim da soberania portuguesa na Índia e logo alcançou merecido sucesso. Depois, punido pelos censores do regime, foi proibido e retirado do mercado, mas mesmo assim recebeu o Prêmio Ricardo Malheiros desse ano.

Bodki, por sua vez, é um romance em que Agostinho Fernandes apresenta a sua experiência de médico, numa pequena aldeia do interior de Goa.

Segundo Devi & Seabra (1971, p.211), Agostinho Fernandes é "um escritor nato, que viveu e escreveu espontaneamente (...) e *Bodki* é certamente um dos romances mais bem construídos da moderna literatura portuguesa".

Pelo que se sabe, Agostinho Fernandes não voltou a publicar nenhuma obra, enquanto Orlando da Costa deu continuidade a sua carreira literária, pois, além dos quatro títulos de poesia anterior-

Breve esboço da literatura de Goa em língua portuguesa contemporânea   105

mente assinalados, publicou também duas peças de teatro *Sem flores nem coroas* (1971) e *A como estão os cravos hoje?* (1984), além dos romances *Podem chamar-me Eurídice* (1964), *Os netos de Norton* (1994) e, finalmente, *O último olhar de Manú Miranda* (2000).

Goa atualmente compõe um dos 25 Estados da Índia. A língua nativa, o concanim, foi reconhecida como sua língua-mãe. O português, por sua vez, como língua adotiva, deixou sua indelével herança, cujo zelo está ao sabor das vontades políticas. De tal forma que Portugal e Índia, na condição de Estados autônomos e democráticos, poderiam empreender uma nova travessia oceânica; não mais como um ato de aventura, mas de intenção, que salvaguarde os valores próprios à identidade cultural que representam.

Referências bibliográficas

AFONSO, F. C. Prefácio. In: DIAS, P. *No país de Súria*. Nova Goa: 1935.

CHEVALIER, J., GHEERBRANT, A. *Dicionário de símbolos*. 2.ed. Trad. Vera da C. Silva. Rio de Janeiro: J. Olympio, 1992.

COSTA, O. da. *A literatura indo-portuguesa contemporânea: antecedentes e percurso*. Lisboa: 1999.

DEVI, V., SEABRA, M. de. *A literatura indo-portuguesa*. Lisboa: Junta de Investigações do Ultramar, 1971, 2v.

DIAS, F. C. *Esboço da história da literatura indo-portuguesa*. Tipografia Rangel, Bastorá: 1963.

DIAS, P. *No país de Súria*. Nova Goa: 1935.

SOUZA, T. R. de. *Goa, roteiro histórico-cultural*. 1.ed. Lisboa: Grupo de Trabalho do Ministério da Educação para as Comemorações dos Descobrimentos Portugueses, 1996.

VALE, R. C. F. do. *A literatura de Goa em língua portuguesa e O signo da ira*. São Paulo: 1999 Dissertação (Mestrado) – Faculdade de Filosofia, Letras e Ciências Humanas, Universidade de São Paulo.

Timor, nos horizontes da língua portuguesa

Benjamin Abdala Junior

É como reação comunitária ao processo de integração forçada à Indonésia que se pode situar a literatura de língua portuguesa produzida no Timor Leste. A língua do antigo colonizador tornou-se assim, nessa ambiência de marcada polarização política, veículo de expressão libertária contra o genocídio físico e cultural promovido pela ditadura indonésia, que invadiu o país em 1975. Com agressividade correlata àquela que forçou pelas armas o deslocamento de cerca de um terço da população, essa política colonialista totalitária da Indonésia exerceu-se até o momento atual de intervenção da ONU contra os valores culturais dos múltiplos grupos etnolingüísticos da nação maubere e também contra setores, sobretudo citadinos, de fala portuguesa. Expressar-se em português no Timor Leste, nesse sentido, tornou-se símbolo de identidade nacional dos mauberes e um índice de subversão para a repressão política indonésia, que chegou a proibir até o ensino da língua portuguesa nesse país.

A língua portuguesa, no Timor Leste, foi marcada pela influência das línguas tradicionais, sobretudo pelo tétum, que predomina na oralidade. O idioma português constituía, até a invasão, a impropriamente chamada "língua de cultura" dos textos oficiais, dos jornais e de outros meios de comunicação. Na literatura, tanto antes da invasão como agora, o tétum segue paralelamente ao português ou com ele se imbrica, matizando o idioma do antigo colonizador. Tal matização revela o descentramento em que se situam os escritores

108   Oriente, engenho e arte

timorenses, adotando uma perspectiva popular maubere (a palavra maubere, designativa dos setores populares, teve sua significação ampliada recobrindo os naturais da terra).

Mais do que emblema da resistência do povo timorense, a atividade literária em língua portuguesea constitui hoje manifestação simbólica da forma como ele se imagina como nação, pela mediação de seus escritores. Na verdade, o próprio horizonte nacional timorense, que supera os particularismos étnicos, é construção dessa intelectualidade. "Timorense já se chama Timor", diz no poema "Mauberíadas" Xanana Gusmão, nome timorense de José Alexandre Gusmão, dirigente guerrilheiro no cárcere, em nome de quem Ramos Horta recebeu a sua parte do Prêmio Nobel da Paz.

Fundem-se, no novo nome do poeta-dirigente, o registro do sobrenome português e a oralidade timorense. Na poesia, analogamente, a tradição escrita portuguesa é trabalhada pelos poetas timorenses na óptica da tradição oral dos Lia-Nain (Senhores da Palavra). A atitude poética é de intervenção política explícita: os textos editados costumam ser bilíngües, com criação em tétum e em português, como nesta canção de Borja da Costa, morto quando da invasão do país pela Indonésia, tornada uma espécie de hino da emancipação timorense: *Eh! Foho Ramelau, foho Ramelau eh!/ Sá bé as liu ó tutun, sá bé bein liu ó lolon eh!/ Tan sá Timur oan hakruuk bei-beik/ Tan sá Timur oan atan bei-beik?...,* que foi traduzida livremente pelo próprio autor: "Oh! Monte Ramelau, Monte Ramelau!/ Que é que é mais alto que o teu cume!/ Que é que é mais majestoso que a tua imponência!/ Por que é que a cabeça do Timor há-de curvar-se eternamente?...".

Ramelau é uma cadeia montanhosa, onde se encontra o pico Tata-Mai-Lau, igualmente referenciado como símbolo da identidade nacional dos timorenses. Nesse pico, segundo a tradição animista, estariam os antepassados dos timorenses. Essas referências simbólicas de identidade, de caráter neo-romântico, são singularidades geo-

Timor, nos horizontes da língua portuguesa 109

gráficas altamente freqüentes numa literatura que procura se reconhecer. Reconstituem-se, com um mesmo sentido de identificação, lendas relativas às origens míticas da própria ilha. Atualizam-se essas narrativas orais em novas efabulações na escrita literária, como no conto "O crocodilo que se fez Timor", de Fernando Sylvan: a história do crocodilo que, ao não encontrar condições de sobrevivência na costa asiática, deslocou-se para o oceano, levando uma criança. Lá ele cresceu, dando origem à ilha; e a criança, a seu povo.

Fernando Sylvan, falecido em Lisboa, teve a sua obra literária e ensaística publicada na diáspora timorense. É de sua autoria os seguintes versos: "Pedem-me um minuto de silêncio pelos mortos mauberes/ Respondo que nem por um minuto me calarei". Coexistem, em sua produção literária, manifestações poéticas de urgência, ao lado de outras, de caráter antropológico, como no conto de fundação já referido; ou de expressões líricas, como neste fragmento do poema "Infância", que integra a coletânea de sete poetas timorenses, *Enterrem meu Coração no Ramelau*, significativamente editado pela União dos Escritores Angolanos (Luanda, 1978): "as crianças brincam na praia dos seus pensamentos/ e banham-se no mar dos seus longos sonhos/ a praia e o mar das crianças não têm fronteiras".

Poderiam ser ainda mencionados outros escritores de Timor Leste que figuram na coletânea literária do livro *Timor timorense, com suas línguas, literaturas, lusofonia...*, de autoria de Artur Marcos (Lisboa, Edições Colibri, 1995). É necessária a referência de um intelectual português, autor de relevantes estudos antropológicos sobre Timor Leste: Ruy Cinatti. Se Fernando Sylvan pode representar a voz nacional na diáspora, diáspora que se direciona atualmente sobretudo para a Autrália, o português Ruy Cinatti é autor da obra poética de temática timorense mais bem realizada artisticamente.

Os poemas de Ruy Cinatti fixam-se na ambiência social e cultural de Díli, a capital do Timor Leste. E ao incorporar temas timorenses,

110   Oriente, engenho e arte

faz autocrítica da colonização portuguesa. No poema "Invocação ao Tata-Mai-Lau", de seu livro *Paisagens timorenses com vulto* (Lisboa, Relógio D'Água, 1996), solicita ação efetiva do pico simbólico da identidade timorense:

> Por ti me ergo da modorra obscura,/ penhor sensível,/ valor em sangue!/ Por ti invoco arcas da aliança,/ frutos da Terra, verídica herança!/ Morro contigo, ambos nós o signo-símbolo / – justa lembrança! Os que te amam sofrem de sofrer/ tamanha impotência... Vem ver/ a terra talhada/ pela incúria, pela soez mistura/ do falso e do real,/ a solidão como raiz nas almas,/ a fome inicial/ mordendo o ar!/ Tata!/ Acaba de vez com a mentira. Afina o teor que vibra ainda / e se lamina ao sol da desventura!/ Mata!/ Ressuscita!/ Desce ao Timor!

Como se observa, os fatos poéticos imbricam-se enfaticamente com os políticos na literatura do Timor Leste, quer o poeta esteja em solo nacional, quer na diáspora. Literariamente, Timor está em tempo de formação e, como ocorre na política, tem recebido ultimamente apoio internacional, agora, inclusive, sob patrocínio da ONU. Deve-se relevar, entretanto, o fato de que, no horizonte de dirigentes e poetas da resistência timorense, figura hoje a Comunidade dos Países de Língua Portuguesa (CPLP) – uma forma de identificação comunitária que imaginam seja capaz de contribuir para viabilizar um Timor independente, seja da Indonésia, seja de outras potências asiáticas. Trata-se de um projeto complexo. Para tanto, contam que a CPLP evolua da retórica das intenções para ações mais efetivas no campo político, econômico e cultural. Isto é, como o Tata-Mai-Lai do poema de Ruy Cinatti, essa sigla-símbolo precisaria mover-se de suas alturas, descendo ao solo do Timor.

Abaixo, publicamos dois poemas de Xanana Gusmão, presidente eleito do Timor Leste desde abril de 2002.

POEMA

Pisaste um dia a terra descalça
do "bua" e do "malus",
paraste um dia à sombra da casa alta
estranhando o "tuaka"
e reparaste no seu dono
cobrindo com a nudez do seu "hakfolik"
a campa dos antepassados.

Miraste o seu suor tórrido
lavando as faces do seu rosto sujo;
ouviste ainda o seu "hamulak"
entoado em "tais" do seu "lulik"
e respeitaste o "manuaten"

Conheceste, na pobreza da sua pele,
o magro olhar altivo
profundamente rude
infinitamente íntimo.

E o dono da terra guardou o seu "ai-suak"
matou o seu "karau"
e levantou o "odan"
agarrou no "tali"
e saiu em busca do seu "kuda"
esgrimindo o "surik" contra o "naog'ten";
e de longe, de mui longe,
de cá dos oceanos,
ferido, ensanguentado,

mas firme no berço do crocodilo*
arremessou o seu "diman"
e sibilando no espaço da história
rude e profundamente
te rasgou a carne
e íntima e infinitamente
abraçou a tua alma de português,
e tu amaste-o...
e de longe, de mui longe,
de cá dos oceanos,
arremessou o seu "diman"
que rude e profundamente
te atravessou a carne
e íntima e infinitamente
abraçou a tua alma...
e tu... amaste-o!...

Glossário

bua – grão areca (para mascar).

malus – folha de betel, uma planta trepadeira (para mascar).

tuaka – aguardente local.

hakfolik – pano atado à cintura para tapar as partes pudicas.

hamulaks – preces, orações.

tais – pano com que o timorense se veste, enrolando-o como se fosse uma saia.

lulik – sagrado.

manuaten – fígado de galo (o galo de combate, com que os timorenses fazem – ou faziam – a luta de galos, é um animal de grande estimação, tratado a rigor. O galo é também o símbolo da coragem e o símbolo do próprio povo Maubere e da sua luta).

ai-suak – alavanca de madeira afiada com que o timorense trabalha a terra.

karau – búfalo; boi.

odan – cancela de vedação.

tali – corda (com que se prende e guia o cavalo).

surik – espada.

naog'ten – ladrão (o invasor indonésio).

crocodilo – segundo a lenda, a ilha de Timor é o corpo de um crocodilo que, cansado depois de percorrer os oceanos levando no seu
dorso uma criança (que antes o salvara de morrer escaldado nas
areias batidas pelo sol), ao sentir-se velho e gasto, transformou-se
em terra firme, da qual o menino sensível, generoso, aventureiro
e curioso foi o primeiro habitante.

diman – azagaia.

POVO SEM VOZ

Nosso grito é o silêncio
Na passagem do tempo
e o tempo é o sangue
no silêncio do mundo!

– Ouvi, mundos!
Ouvi, gentes da política!
Invadistes a nossa Pátria com o Soeharto,
solastes Timor-Leste na guerra fria
e torturastes-nos com a indiferença
e matastes-nos com a cumplicidade.

– Ouvi, ouvi as vossas culpas!
Desengajastes a nossa causa com Jacarta,
minimizastes o nosso direito na ONU
e prendestes-nos com iénes
e massacrastes-nos com dólares.

114 Oriente, engenho e arte

Nosso tempo é o silêncio
nas mudanças do mundo
e o sangue é o preço
nos mundos do silêncio!

– Ouvi, mundos!
Ouvi, gentes do poder!
Abençoastes a mortandade com Catedrais,
enterrastes a tragédia nos investimentos
e desafiastes a nossa consciência
e reprimistes o nossos anseios.

– Ouvi, ouvi as vossas culpas!
Atraiçoastes os vossos próprios princípios,
manipulastes a vossas próprias normas
e encarcerastes-nos na *realpolitik*
e matastes-nos como os direitos humanos.

... Somos POVO SEM VOZ
alma sem fronteira com a dor
corpo na escravidão aberto ao tempo
Pátria – um cemitério de interesses!
A nossa luta...
e a história
do poder do silêncio!

Timor Leste, 12 de Maio de 1992

(In: MARCOS, Artur. *Timor timorense*. Lisboa: Edições Colibri, 1995, p.206-8)

Macau, história e cultura

Benilde Justo Caniato

> O nome de Macau deve ter sido, a princípio, apenas o do local onde se encontra o Pagode da Barra e onde, segundo a tradição, os nossos pioneiros desembarcaram pela primeira vez. Enquanto a povoação se estabelecia e aumentava, este nome persistiu na boca do povo, a despeito de todas as designações oficiais, portuguesas ou chinesas.
>
> *Graciete Nogueira Batalha*

I

Macau é palavra composta possivelmente de "Má" ou "A-Má" ("A", prefixo usado pelos chineses antes dos nomes de pessoas; "Má" = mãe) e "cau". "Má" relaciona-se com a deusa protetora dos marítimos, venerada pelos chineses no velho templo "Má-Kók-Miu" (Pagode da Barra, para os portugueses), templo, provavelmente, anterior à chegada dos portugueses e que servia de abrigo temporário a pescadores.[1]

O étimo "A-ma-ngao" ou "A-ma-ngau" é o mesmo proposto nos séculos XVI e XVII pelo padre Mateus Ricci e por outros missionários e historiadores. Do cantonense "A-ma-ngao", ou "A-ma-gau", para os portugueses, teríamos "Amagau > Amacau > Macau". Não se trata, porém, de evolução natural, uma vez que as oclusivas sonoras não passam a surdas.

---

1 Para a origem do nome Macau, ver Batalha (1987, p.7-15).

É mais provável que em lugar da designação de "Baía de A-Má" se empregasse "Embocadura de A-Má", expressão em que se empregaria "Hau" (boca, embocadura). Daí teríamos "A-Ma-Hau", com "h" aspirado pelos fuquienenses (da província de Fuquiem), passando a "A-Ma-K' au", com "k" aspirado, explicando-se a forma "Amacau".

Nos escritos do século XVI aparecem as variantes "Amaquam", "Machoam" e "Amagão". A forma "Amaquam" estaria documentada por Fernão Mendes Pinto, na carta de 20.11.1555. Seria o documento português mais antigo em que surge o nome de Macau. Na carta escrita de Macau pelo padre Belchior Barreto, em 23.11.1555, estaria registrada "Machoam". Há dúvidas, porém, quanto à estada de Fernão Mendes Pinto ou do padre Belchior Barreto em Macau.

Coates (1991, pp.50-1) propõe a seguinte explicação para o nome Macau: "Má Kó", a "Ancestral Avó", padroeira dos pescadores, ouviu as preces destes, quando, apanhados por um tufão, foram desviados de suas zonas de pesca. Ofereceram preces a Má Kó e chegaram salvos ao porto de abrigo. Construíram, então, um relicário em honra de Má Kó, como prova de gratidão à deusa. Posteriormente surgiu um templo de dimensão maior, um dos pontos de referência em terra. Esse local, em dialeto fuquienense, era designado por "Má Kó Cau" (enseada da Ancestral Avó), cuja abreviatura "Ma Cau" deu origem ao nome da futura cidade.

No dialeto cantonense até hoje se usa "Ou-Mun" (Porta da Baía) para designar Macau.

II

Como se sabe, após a conquista da Índia por Afonso de Albuquerque (1509-1515), D. Manuel iniciou a disputa pelo domínio das linhas comercial-marítimas do Índico e do Mar da China. A conquista de Malaca em 1511 contribuiu para o favorecimento dos

Macau, história e cultura   117

primeiros contatos dos portugueses com a China. Dois anos após, Jorge Álvares levanta um padrão na Ilha de Tamão (hoje Ilha de Lantau e incluída no território de Hong Kong), localizada na desembocadura do Rio das Pérolas, marcando o encontro do Império do Meio com o Ibérico.[2] Em 1516, Rafael Perestelo atinge Cantão. A partir de 1520, surgiram hostilidades em razão de ataques a navios chineses por parte dos portugueses. Embora um decreto do imperador fechasse o porto de Cantão aos estrangeiros, os portugueses continuaram a freqüentar os mares da China, estabelecendo as feitorias de Liampó e Chinceu, no litoral. Nos anos 40, com a chegada ao Japão, o comércio português se amplia e logo depois novas feitorias se estabelecem nas ilhas de Sanchuang e Lampacau.

Por essa época, o capitão Leonel de Sousa consegue do governador de Cantão uma licença para os portugueses se fixarem naquela pequena aldeia de pescadores. Sanchuang e Lampacau entram em declínio e Macau passa a crescer, tornando-se uma povoação de mercadores.

O ano de 1557 é tido como a data de fixação permanente dos portugueses em Macau. Espécie de zona neutra, ali, no estuário do Rio das Pérolas, os portugueses conseguiram manter o monopólio que detinham na comercialização entre o Oriente e o Ocidente até fins do século XVII (Santos, 1988-1989, p.6-7).

Macau cedo se transformou de aldeia piscatória num porto muito próspero, devido a sua posição de navegabilidade pelos mares que o circundam. No entanto, tornou-se também um ponto ideal para prática de atividades ilícitas. Segundo o professor Fock (1991, p.17-8), da Universidade de Hong Kong, somente nos anos 60 do século XVI,

---

2 Em 1953 foi erigido um monumento a Jorge Álvares na Rua da Praia Grande, em Macau.

os portugueses conseguiram assegurar sua posição, porque ajudaram as autoridades locais a suprimir uma amotinação das tropas costeiras. Apesar disso, os chineses ainda mantinham algum receio quanto à presença portuguesa.

Nos anos 70, como já existisse uma povoação portuguesa, os chineses, temerosos de que os portugueses saqueassem o continente, construíram uma muralha ao Norte, com acesso ao continente pela Porta do Cerco, aberta duas vezes por mês e, posteriormente, todos os dias, para que lhes fossem fornecidos produtos alimentícios e outros bens. E o mercado acabou por fixar-se entre as duas comunidades.[3]

Os instrumentos jurídicos que formalizaram a cessão do território aos portugueses teriam sido certamente por meio de autorização de Pequim e Cantão. Isaú Santos (1988-1989, p.9) cita dois documentos, que se encontram na Biblioteca da Ajuda, em Lisboa, que talvez possam esclarecer a cessão:

• BA 51 – VIII – 40, f.232/4: *Relação do princípio que teve a cidade de Macau e como se sustentou até ao presente*, citado por A. da Silva Rego na obra *A presença de Portugal em Macau*. Esse documento afirma que o imperador da China concedeu Macau aos portugueses, depois que eles expulsaram os piratas da região de Cantão, impondo-lhes uma pensão de 500 taéis de prata fina.[4]

• BA 49 – v.5, f.348. Nesse manuscrito atribui-se a cessão de Macau aos portugueses pelos mandarins ou governadores de Cantão.

---

3 Para os chineses, todos os estrangeiros eram considerados bárbaros, de tal modo que as relações com os portugueses só eram possíveis em nível comercial.

4 Tael: unidade monetária e de peso da China, com valores diferentes nas diversas regiões de uso da Ásia. Em Macau, a medida de peso equivalia a aproximadamente 30 g.

A obra *A Ásia portuguesa* (tomo III, parte III, cap. XXI), de Faria & Sousa, ajuda a esclarecer também a cessão do território. O fato é que a China nunca pretendeu expulsar os portugueses de Macau, que sempre usufruíram de privilégios em relação a outros estrangeiros. Convinha aos chineses manterem-nos ali, pois, por terem habilidades marítimas, protegiam aquele espaço livre de invasões inoportunas.

III

Território de dimensões geográficas limitadas, hoje com cerca de 22 km, em razão dos aterros, Macau abrange a península que leva o mesmo nome e duas ilhas, a de Taipa e a de Coloane. Esta integra-se à península por um aterro, desde 1968, e a Ilha de Taipa, por uma ponte com 2,56 km de comprimento, permitindo, na parte mais elevada, a passagem de navios. No século passado, foram construídos vários empreendimentos urbanos na orla da antiga península, destacando-se o aeroporto, inaugurado em 1996.

Macau tem sido durante mais de 450 anos ponto de encontro de duas culturas distintas e complexas. Orientais e ocidentais passaram a conviver sem subserviências, nem perda de identidade, enriquecendo-se mutuamente. O padre jesuíta Benjamim Videira Pires, ao indagar se houve em Macau "miscigenação, assimilação, aculturação", considera um caso *sui generis*, porque "nenhuma antropologia, ainda tão incerta de si, consegue traçar-lhes as fronteiras". E continua:

> Daí que a transculturação, osmose contínua e sem datas, em corpo e alma, de tudo o que somos e temos, entre homens e povos que sabem conviver, com toda a abertura de espírito ecumênico, represente, me-

lhor que os outros tipos culturais, a síntese vivencial que este pedaço de história luso-chinesa plasmou solidamente, num tempo e espaço definidos. Temos, pois, duas culturas, seculares e opulentas – a portuguesa e a chinesa –, que se encontram e fundem, em transculturação criadora. Aqui, em Macau (Pires, 1988, p.9).

O nome cristão dado à povoação foi Porto do Nome de Deus, mudado para Cidade do Nome de Deus, em 1586, quando o rei Filipe II da Espanha, I de Portugal, conferiu à povoação o estatuto de cidade. Mais tarde, foram-lhe conferidos os mesmos privilégios, liberdades, honras e prerrogativas da cidade portuguesa de Évora, a primeira a revoltar-se contra o domínio dos Filipes, em 1637. Como Macau nunca se subordinou ao domínio dos reis de Espanha, as suas armas passaram a ter o mesmo lema das de Évora: "Muy nobre e sempre leal cidade". D. João IV mandou gravar à entrada do Leal Senado o dístico: "Cidade do Nome de Deus, não há outra mais leal". É com esse nome que aparecem atas e outros documentos ao longo do século XVII, ocorrendo também as denominações: Nobre Cidade do Nome de Deos de Macau e Nobre Cidade de Macao.

Em 1585 foi criado o Senado da Câmara, que se constituía por moradores eleitos pelo povo. Como os governadores eram estranhos à cidade, representando o poder político do vice-rei da Índia, com estada temporária no território, o Senado tinha grande importância por deter o poder político, jurídico e administrativo.

Para ser eleitor e ser eleito, exigia-se que o cidadão tivesse 25 anos, que não fosse criminoso, nem filho ilegítimo, nem cristão novo. Além de serem "homens bons", no século XVIII passou a exigir-se que tivessem título de nobreza, título que podia ser solicitado pelos moradores com alguma educação e serviços prestados a Portugal. Mas o relatório do bispo D. Hilário de Santa Rosa, elaborado em 1742, diz que o Senado se compunha de grande parte de

Macau, história e cultura   121

homens degredados ou de outros, "todos ignorantíssimos em matérias de governo sem outras coisas mais que as de procurar a fortuna".[5]

As funções do Senado ficaram reduzidas a partir da Reforma Constitucional de 1834, e em 1935 a casa foi dissolvida. Ressurgiu logo depois, passando o governador a ser o seu presidente. A partir da década seguinte, o Senado passou a ser presidido pelo juiz de direito, mas as crises continuaram.

A soberania de Macau tinha sofrido um primeiro impacto com a publicação em 1832 de um estudo sobre a sua história, pelo sueco Anders Ljungstedt, no qual afirmava que Macau era território da China. Destacava a arrogância dos portugueses em relação à soberania, apesar de terem cedido à exigência de uma renda anual de 500 taéis por parte dos chineses. Nesse período, as afirmações de Ljungstedt foram consideradas falaciosas pelos historiadores portugueses.[6] Mas, em 1992, a obra de Ljungstedt acabou sendo reabilitada. O historiador monsenhor Manuel Teixeira, no prefácio à segunda edição, condenou a acusação, fazendo largos elogios ao trabalho sério e desinteressado do autor sueco, enfatizando que ele dominava o português, tendo, portanto, acesso a documentos portugueses.

Em 1887, a celebração do Tratado de Amizade e Comércio entre China e Portugal, no entanto, possibilitou a Portugal "a perpétua

---

5 No final do século XVI e no século XVII, vinham a Macau muitos degredados fugidos de Goa e muitos aventureiros, daí a exigência para serem membros do Senado (Amaro, 1994a, p.21).

6 Mais tarde, Carlos Montalto de Jesus, numa resenha histórica sobre Macau, publicada em 1902 (*Historic Macao*), afirmava "que os Portugueses tinham sido convidados pelos Chineses a instalar-se em Macau, e que, nos primeiros tempos, não havia qualquer renda". Essa edição foi saudada com entusiasmo pelos macaenses, a ponto de o autor ter sido condecorado. Mas, na segunda edição, publicada em 1926, o autor acrescentou novos capítulos, referindo-se às falhas de Portugal e da China como responsáveis pela ruína de Macau, ao triste destino de Macau etc. O governo, sentindo-se atingido, acabou por condenar herética a edição, apreendendo-a e queimando-a em público (apud Cheung Mil Bing).

122 Oriente, engenho e arte

ocupação e governo de Macau", mas ficaram dúvidas quanto à soberania do território.[7]

Já na segunda metade do século XX, em 1979, quando China e Portugal estabeleceram relações diplomáticas, ficou assentado ser Macau território chinês sob administração portuguesa. E a Declaração Conjunta entre os dois países, em 1987, determinou, por fim, que a China retomaria o exercício da soberania sobre Macau em 20 de dezembro de 1999, conforme ocorreu. Em conformidade com o princípio "um país, dois sistemas", pelo artigo 31 da Constituição da RPC, Macau foi erigido em Região Administrativa Especial da República Popular da China.

As políticas de cultura, educação, ciência e tecnologia foram definidas pela Região Administrativa Especial, com o objetivo de proteger o patrimônio cultural em Macau. Em conformidade com a lei, além da língua chinesa, isto é, o dialeto mandarim, pode ser usada também a língua portuguesa nos organismos do governo, no órgão legislativo e nos tribunais. Mas a maior parte da população usa o dialeto cantonense no dia-a-dia e o inglês nas atividades profissionais do setor privado, lojas, bancos etc.

Além da língua chinesa, os macaenses adotam os preceitos da geomancia, fông-soi, que literalmente significa "vento e água": ciência milenar chinesa que diz respeito ao modo como os objetos devem ser colocados e posicionados nas casas, de acordo com as influências da natureza sobre o homem.

Quanto aos estabecimentos de ensino de diversos tipos, existentes antes de 20.12.1999, continuaram a funcionar com autonomia

---

7 Em 1842, Macau perdeu a hegemonia como primeiro entreposto europeu comercial, cultural e religioso no Oriente, quando da proclamação de Hong Kong como colônia britânica.

administrativa, gozando, nos termos da lei, de liberdade de ensino e de liberdade acadêmica.

O ensino da língua portuguesa, porém, tem constituído um desafio de importância estratégica. Ainda que falada por somente 2% ou 3% de macaenses, é língua também da Administração de Macau, portanto língua oficial como o mandarim. Além disso, hoje são cerca de 200 milhões de utentes no mundo lusófono, potencializando sua utilidade pelo relacionamento de Macau com a Europa e com o mundo de fala portuguesa, particularmente as cinco nações da África e o Brasil. Como diz Jorge Rangel (1996, p.85)

> o reforço da posição da língua portuguesa naquela região do Mundo será sinônimo de que, apesar das nossas limitadas possibilidades de intervenção tecnológica e econômica, o português pode afirmar-se como língua de cultura, importante para estreitar laços entre o mundo de língua portuguesa e outros povos.

IV

O poema de Cecília Jorge, citado a seguir, expressa um sentimento de inexistência da identidade coletiva macaense. Mas, por estar "entre dois pólos", que se atraem e repelem, residiria em Macau a (in)definição de sua identidade, "síntese vivencial que este pedaço de história luso-chinesa plasmou solidamente, num tempo e espaço definidos" (Pires, 1988).

> Macaense/ que te (indefines)/ pelo não ser bem/ que também não és, bem.../ um mais ou menos/ entre dois pólos/ que se atraem/ e se repelem/ pela diferença/ no desonhecimento/ divergente./ Fronteira difusa/ num mar de gente,/ tão transparente/ e frágil que se esquece./ Por ti passam/ calcando,/ e tropeçam/ no gemido/ silencioso/ e sentido./

124   Oriente, engenho e arte

Miragem/ de olhos postos no Ocidente/ e coração suspenso./ A queda livre,/ no abandono/ de um vôo/ sobre o mar/ difuso/ difuso/ a apagar-se...

Para a antropóloga Ana Maria Amaro (1994b), a origem dos macaenses é polêmica, por falta de dados históricos e antropobiológicos seguros. Estes últimos dificultam ainda mais em razão da reduzida amostragem. Citando teorias baseadas em Bento da França (1897), Álvaro de Melo Machado (1913), Francisco de Carvalho e Rego (1950), Eduardo Brazão (1957), Carlos Estorninho (1962), e Monsenhor Manuel Teixeira (1965), a antropóloga considera serem opiniões controversas sem apoio de estudo serológico ou antropométrico, o que as torna meras hipóteses.

Os "filhos da terra" são fruto de um poliibridismo bastante rico, julga Amaro. Sua tese apóia-se principalmente nos arquivos paroquiais e em árvores genealógicas de 20 famílias antigas de Macau: as euro-asiáticas, malaias e indianas teriam sido, em sua maioria, as companheiras dos primeiros portugueses de Macau. Mulheres chinesas, sobretudo ainda crianças, vendidas pelos pais, viviam com os portugueses em regime de concubinato. As filhas, as "nhonhonha" (plural de "nhonha", mulher ou filha de europeu, e por extensão, "filha da terra" de ascendência portuguesa), muito raramente são mencionadas pelos cronistas, contrariamente aos nhons macaenses, filhos varões dos portugueses.[8]

---

8 Em 1563, o padre Francisco de Sousa, ao descrever uma procissão em Macau, diz que "estavam as meninas pelas janelas com grinaldas nas cabeças e salvas de prata nas mãos cheias de rosas e redomas de água rosada que lançavam por cima do pálio e da génte que passava". E ainda: "casaram-se algumas órfãs e muitos cristãos da terra que de largo tempo viviam em pecado. Embarcaram-se para a Índia mais de 450 escravas de preço e na última nau que partiu para Malaca se embarcaram ainda 200 que eram as mais perigosas e as mais difíceis de se lançarem fora" (apud Amaro, 1994b, p.16).

Para apoiar sua tese, Amaro vale-se de dados históricos, antropobiológicos e etnográficos. Quanto aos dados históricos, menciona a possibilidade de os portugueses poderem comprar escravos tanto da África como da Ásia, comércio tão incrementado que levou D. Manuel a proibir que se levassem escravos para a Europa.

Os macaenses são, portanto, euro-asiáticos. O componente português permanece como seu elemento estruturante, no entanto o componente asiático tem variado, uma vez que este, a partir do século XX, é chinês.

A comunidade macaense, predominantemente euro-asiática não chinesa, começou a extinguir-se por causa da emigração, a partir da segunda Guerra Mundial. Posteriormente, após o 25 de abril de 1974, a emigração chinesa acentuou-se. Houve, nessa altura, razoável crescimento da comunidade luso-chinesa, em razão do casamento de mulheres chinesas com ex-militares e policiais portugueses e com homens macaenses.

Como acentua Jorge Morbey (1994, p.199-209), a influência exterior que os macaenses têm recebido ao longo de quase 500 anos deu-lhes uma herança cultural bastante rica, conferindo grande plasticidade a sua identidade coletiva. Os chineses nascidos em Macau, que constituem a população maioritária, não se identificam como macaenses, mas como "Ou Mun yan" (gente de Macau). Os macaenses são designados por "Tou sán" (filhos da terra, nascidos na terra). Os portugueses europeus são designados por "Kuai lou" (diabo-gajo), "Ngau sôk" (tio boi), e "Ngau pó" (mulherona vaca).

Do casamento de mulheres macaenses com homens chineses, conforme se tem dado a partir da década de 1970, chegam à idade adulta os primeiros filhos. Como as referências culturais são dadas pelo pai, estranho à cultura portuguesa, os novos macaenses desconhecem a língua portuguesa, dominando o chinês e o inglês. Nas

126 Oriente, engenho e arte

relações familiares, o dialeto cantonense é o veículo de comunicação privilegiado, como já dissemos.

V

Quanto à cultura macaense, Morbey (1994) considera difícil definir os elementos fundamentais, mas em alguns casos seria possível descortinar, embora com permeabilização de elementos das culturas orientais, uma configuração básica que se manteve portuguesa.

A Igreja Católica teve muita importância, funcionando muitas vezes como fonte de norma e controle social, principalmente quando havia conflitos entre a mentalidade portuguesa da metrópole, mais puritana, e a mentalidade portuguesa do Oriente, permeável a costumes asiáticos tidos como indignos e até pecaminosos (ibidem, p.203).

Vale a pena destacar o que Pires (1988, p.83-4) diz sobre a relação entre o homem português e o chinês. O português teria o caráter menos metafísico e mais lírico da Europa, e por isso se aproxima do chinês. O bucolismo, o gosto pela história, a vida do campo como ideal, o pacifismo, a simplicidade de hábitos, o tradicionalismo mostram semelhanças entre o temperamento e a natureza humana do chinês e do português.

Outras semelhanças também se contam: o idealismo sonhador, a negligência no acabamento das coisas. E no campo simbólico, o galo, o arauto do Sol, que pelo canto anuncia o despertar do dia e pela crista vermelha, a presença da luz solar. Muitas igrejas de Portugal têm o galo no catavento a recordar que os fiéis permaneçam vigilantes e se afastem do pecado. E em Macau, o galo em cima dos telhados protege a casa da formiga branca, que rói a madeira.

Não podemos deixar de citar um dos mitos da cidade de Macau, a Fonte de Nilau, que os macaenses pronunciam Lilau. Recanto agradável, simboliza o encontro e permanência luso-chinesa no território, como diz a quadra:

Quem bebe água do Nilau
não esquece mais Macau:
ou casa aqui em Macau
ou então volta a Macau.

Em cantonense, a fonte é chamada de "Nei-lau" (nome chinês dado à Colina da Penha), que significa "corrente (de água) do monte". As duas dimensões representam a horizontalidade, a água que corre, e a verticalidade, o monte, a transcendência do espírito, ou seja, união entre o Céu e a Terra.

Atraídos por seus encantos, certamente beberam de suas águas Camões, Bocage, Wenceslau de Morais e Camilo Pessanha. E, naquele longínquo Oriente, com outros portugueses, que estiveram ali desde meados do século XVI, "ajudaram a descobrir a identidade macaense, feita do encontro e convivência, para um propósito comum, entre marinheiros da costa sul da China e de Portugal" (ibidem, p.91).

Os jesuítas podem ser considerados os primeiros que contribuíram para a expansão da cultura em Macau. Ali chegando em 1563, encontraram apenas uma pequena povoação de 600 ou 700 portugueses, que residiam em casas de palha em volta da pequena igreja de Santo António, perto de onde está hoje a igreja de São Lourenço. Logo fundaram uma escola de "ler, escrever e aritmética", que, em 1572, recebeu o nome de Primum Litterarum Scholam. Nos anos 80, já contava com mais de 200 alunos e com um corpo docente de 12 jesuítas, quase todos portugueses (Azevedo, 1984, p.13-4).

Em 1590, estabeleceram-se duas comunidades distintas: a Casa-Residência da Madre de Deus, com dez religiosos, e o Colégio São Paulo, com 19. Como eram próximos os dois edifícios, havendo comunicação interna, confundiram-se numa só instituição, residência e colégio. Incorporaram-se ao colégio dois seminários para seculares, uma escola elementar e uma escola de música e artes plásticas. Tendo organização autônoma desde 1594 e organização formal de estudos superiores de artes e teologia, com possibilidade de conferir graus acadêmicos não só a eclesiásticos, como também a leigos, o Colégio São Paulo tornou-se uma instituição de tipo universitário, historicamente a primeira universidade ocidental no Extremo Oriente. O colégio também possuía uma tipografia, a primeira que os jesuítas trouxeram para Macau e para o Japão (1588), e uma biblioteca com mais de cinco mil volumes.

Os estudos sinólogos e as obras da doutrina confucionista, taoísta e budista passaram a interessar aos jesuítas, quando, penetrando na China através de Macau, passaram a exercer suas missões, a partir da abertura das rotas de comércio, principalmente com Portugal e Espanha. Os intelectuais europeus também se interessaram por tais estudos, de tal forma que no final do século XVIII nas universidades européias havia conferências sobre tudo o que dizia respeito à cultura chinesa. Acrescente-se que os jesuítas traduziram muitas obras clássicas chinesas que circularam pela Europa.

A diocese de Macau foi fundada em 1575 pela bula Super Specula Militantis Ecclesiae do papa Gregório XIII (1572-1585), com jurisdição sobre a China, a Coréia e o Japão. Os preceitos de Confúcio, que viveu no século V a. C., foram adaptados à doutrina cristã, representando uma "visão oriental da devoção cristã às almas do purgatório e da crença na comunhão dos santos". Mas, a partir do século XVII, os papas não mais consentiram tal adaptação às práticas chinesas. Inocêncio XIII (1721-1724) chegou a proibir que fossem enviados padres jesuítas para o extremo Oriente, temeroso de que tais práticas não cessassem (ibidem, p.14-6).

Em 1728, foi inaugurado o Seminário de São José, onde mais tarde foi construída a igreja anexa de Nossa Senhora da Penha. O

Macau, história e cultura   129

seminário tornou-se um foco de cultura, passando para a direção dos padres lazaristas, depois da expulsão dos jesuítas pelo Marquês de Pombal. Formando sacerdotes e também instruindo leigos, teve uma fase de prosperidade até quando os lazaristas, aderindo ao movimento constituicional da metrópole, foram alvo de perseguições. Na década de 1860, o seminário voltou para a direção dos jesuítas.

Também os capuchinhos, os agostinhos, os dominicanos e as clarissas tiveram estabelecimentos escolares em Macau, tendo contribuído, como os jesuítas, para a educação e para a divulgação da cultura portuguesa.

Merece menção o Liceu de Macau, criado em 1893 pelo então ministro da Marinha, Nunes Ferreira. Inaugurado no ano seguinte, com 31 alunos, "equiparado para todos os efeitos, em categoria, aos liceus nacionais do Reino", exerceu papel destacado quanto à língua portuguesa. Wenceslau de Morais, Camilo Pessanha, entre outros, fizeram parte de seu corpo docente. Residiram em Macau nos fins do século XIX e princípios do XX, tendo contribuído para o desenvolvimento da cultura portuguesa no território.

A imprensa já existia desde o século XVI, introduzida pelos jesuítas, como já mencionado. Mas o primeiro jornal de Macau, *A Abelha da China*, surgiu somente em 1822, semanário que era também órgão oficial do governo. Provocado pelo choque entre o liberalismo e o absolutismo, esse jornal, o primeiro da Ásia ao leste da Índia, teve 67 números. Da mesma tipografia, começou a sair outro periódico, "segundo os mais estritos regulamentos da censura", a *Gazeta de Macau*, que teve curta duração (1824-1826), e, posteriormente a *Chronica de Macau* (1834-1836) (Guedes, 1995, pp.55-65).

No século XX, destacou-se o *Notícias de Macau*, que teve bastante projeção. Hoje temos os diários matutinos: *Macau Hoje, Futuro de Macau* e *Gazeta Macaense*; o vespertino, *Jornal de Macau*; e os semanários *O Clarim* – jornal católico –, *Ponto Final* e *Tribuna de Macau*.

130 Oriente, engenho e arte

No final da década de 1980 e princípio da de 1990, foram criadas algumas associações culturais, organizadas por eruditos macaenses, tais como: Associação dos Escritores de Macau (Pen of Macau); Associação Poemas de Maio de Macau, que congrega poetas da velha e média geração; Associação de Arte Poética de Macau, que se destina à literatura tradicional, e a revista *Poesia Macaense*, que é publicação periódica desta Associação; Associação Técnica de Composição Literária de Macau, que se constitui de um grupo cultural acadêmico.

Também vale a pena citar a contribuição do Instituto Cultural de Macau (criado em 1982), que publicou a *Revista de Cultura* simultaneamente em português, chinês e inglês; publicação trimestral da cultura e da história de Macau

É de notar que, na década de 1990, com a proximidade do período de transição política, a Administração procurou dar maior apoio às entidades culturais, subsidiando-as financeiramente.

Macau conta com o Instituto Português do Oriente (Ipor), criado em 1989, que tem como objetivo preservar e difundir a língua e a cultura portuguesa no Oriente. Dentre outras tarefas, tem buscado estimular as relações históricas de Portugal com os países do Oriente, nomeadamente a República Popular Chinesa, proporcionando contatos científicos, promovendo e apoiando intercâmbio entre pessoas e idéias.

Conta também com o Instituto Internacional de Macau (IIM), cujos sócios-fundadores, sintonizados com a vocação macaense de diversidade, convívio, abertura, inovação e progresso, objetivam incentivar o intercâmbio entre as comunidades e estimular a elevação do nível cultural, cívico e profissional das novas gerações.

Quanto à literatura de Macau, ou seja, literatura de temática macaense, destacamos os seguintes escritores mais recentes:

• Deolinda da Conceição com o livro de contos *Cheong Sam – A cabaia*, publicado em 1956. Os temas versam sobre a exploração feminina em Macau, onde se vendiam e compravam crianças, onde o vício do ópio dominava, onde os negócios com o tráfico de drogas, ouro, armas eram constantes.

• Maria Pacheco Borges, com as narrativas de *Chinesinha* (1974), onde colhe impressões entre o povo chinês de Macau.

• Maria Ondina Braga, escritora nascida em Portugal, que viveu em Macau longos anos, publicando, entre outros: *A China fica ao lado* (1968), *Noturno em Macau* (1991) e *Dias de Macau em Passagem do Cabo* (1994).

• Henrique de Senna Fernandes, com *Amor e dedinhos do pé* (1985) e *A trança feiticeira* (1993), romances com temática sobre Macau.

• Rodrigo Leal de Carvalho, nascido em Açores, publicou na década de 1990 os seguintes romances: *Requiem para Irina Ostrakoff; Constutores do Império; IV Cruzada; Ao serviço de Sua Majestade;* e *O senhor conde e as suas três mulheres;*

• João Aguiar, com *Os comedores de pérolas* (1992), romance que expressa a angústia dos filhos da terra pela passagem de Macau para a China.

Nesta altura, é importante salientar que a cultura macaense não se formou pela soma das diferentes culturas que integraram a sociedade, mas resultou de um processo de integração destas e da cultura portuguesa, em que todas se interinfluenciaram. Naquele pequeno território, fincaram-se raízes oriundas dos cinco continentes, que chegavam pelo mar. Tal identidade coletiva apoiou-se sobretudo em ação de navegadores, mercadores e missionários.

VI

Como se sabe, na Idade Média, quando mercadores de várias regiões do Mediterrâneo procuraram estabelecer relações comer-

132 Oriente, engenho e arte

ciais com outros povos, tornou-se necessária a prática de uma língua mista, simplificada, à qual se deu o nome de língua franca. Mais tarde os portugueses, ao entrarem em contato com povos das mais diversas etnias, tiveram necessidade de simplificação da língua. Também os missionários quando foram para o Oriente, "sequiosos de almas para Jesus", procuraram tornar a fala mais simples. São Francisco Xavier pregava em crioulo e recomendava aos religiosos que falassem em português "como lo falan los esclavos" (Silva Neto, 1988, p. 434).

Em Macau, quando os portugueses ali se fixaram, segundo Batalha (1987, p.6), a língua já havia deixado de ser língua franca, ampliada por vários vocábulos e atingido um certo estado de fixação fonética, morfológica e sintática, mantendo-se por 300 anos até que começou a desarticular-se, no século XIX.

O dialeto macaísta, chamado também patuá, ou patoá (do francês *patois*), tem muita relação com os dialetos de outros povos, como de Malaca e Timor, pela proximidade relativa da Malásia e pela influência do grande número de escravas malaias e timorenses, que nos últimos séculos serviam às famílias macaenses. Muitos vocábulos de origem malaia foram introduzidos no território, desde o início do estabelecimento dos portugueses em Macau.

Além das relações comerciais que se estabeleciam com outros povos, os portugueses casavam-se com mulheres de Malaca e da Índia, pois, por serem considerados "diabos estrangeiros" pelas chinesas, não se casavam com elas. Por essa razão, seria impossível um substrato chinês para o crioulo macaísta, acrescentando-se também que o contato com a comunidade chinesa era apenas tolerado, dadas as dificuldades impostas pela Porta do Cerco (ibidem, p. 22).

O "Papiá Kristang", importado de Malaca, reforça-se durante a ocupação desta cidade, pelos holandeses, em meados do século XVII, quando várias famílias foram para Macau. Das 1.169 palavras estudadas no *Glossário do Dialecto Macaense* e no *Suplemento ao Glossário*, Batalha destaca 194 de origem malaio-portuguesa e malaia contra umas 140 de importação chinesa antiga, uma vez que o Papiá Kristang esteve sujeito também a empréstimos do chinês. Também na estrutura gramatical do patoá, registra-se a identidade com o malaio, por exemplo, na reduplicação vocabular para se formar o plural: criança-criança (as crianças).

Uma boa parte do vocabulário macaense é de origem indiana: "alua" ou "aluá" (doce), "jambo" ou "jambolão" (fruta), "copo-copo" (borboleta). Mas a base foi sempre a língua portuguesa da segunda metade do século XVI e do século XVII. Podem ser notados termos antigos ao longo dos séculos, tais como "asinha" (depressa), "bredo" (hortaliça). Nota-se, no entanto, a ausência de termos relacionados à agricultura e à horticultura, visto que o pequeno solo de Macau nunca se prestou ao cultivo da terra. Vocábulos relacionados à culinária, porém, são bastante expressivos quanto ao número: "badji" ou "baji" (arroz pulu, isto é, gomoso, com coco e açúcar), "chutney de peixe" (à base de cebola, açafrão e coco ralado, muito picante), "chauchau pele" ou "tacho" (cozido preparado com galinha, chouriços, presunto, chispe – pé de porco –, carne salgada, duas qualidades de couve, cogumelos e nabos), "fartes" (bolinhos de farinha, ovos e mel), "minchi" (carne picada).[9]

Além do malaio, termos do "canarim" (língua de Goa) foram adaptados pelos falantes do "patoá" de Macau, uma vez que a colônia esteve ligada administrativamente ao governo da Índia durante

---

9 A propósito da culinária, ressalte-se que a tradição macaense gosta de receber bem. O chá gordo, refeição emblemática, consiste numa merenda ajantarada em que se apresentam 20 ou 30 pratos salgados e doces, oportunidade para as senhoras macaenses mostrarem seus dotes culinários.

134 Oriente, engenho e arte

muito tempo. Acrescentem-se alguns vestígios da língua espanhola, pela proximidade das Filipinas.

O "patoá", além de ter sido a forma de comunicação do dia-a-dia, registrou-se também na linguagem literária. José Baptista de Miranda e Lima (1782-1848), filho do primeiro mestre régio de gramática latina, além de ter exercido o magistério como seu pai, compôs alguns poemas satíricos no dialeto macaense, como este do princípio do século XIX:

> No mez de Agosto *unga* tarde
> *dom-dom panno* vai pescá
> minhas Pancha vai *juntado*
> *Nhum* Lourenço companhá
> Andá qui, andá minha Siára
> *perna azedo* bem cansado
> Nhum Lourenço sua *estúrdia*
> vai até *Rede Chapado.*

("unga" = uma; "dom-dom panno" = levando ao colo com todo o cuidado; "juntado" = juntamente; "perna azedo" = perna fraca; "estúrdia" = estouvado; "Rede Chapado" = lugar de Macau).

A primeira menção ao "patoá" teria sido de um autor chinês, Tcheng Ü Lam, na monografia sobre a cidade do Nome-de-Deus, que teve o título de *Oi-Mun-Kei-Leok* (Monografia de Macau, 1745-46), segundo Batalha. Tcheng Ü Lam coligiu informações sobre os moradores da cidade e sua bárbara linguagem, compiladas depois com a colaboração de Ian Kong Iâm, na monografia citada. Por seu valor histórico, foi traduzida para o português em 1950 (Batalha, n. 20, p. 131-2).

O filólogo português Adolfo Coelho teria sido o primeiro a estudar o dialeto, ainda que em poucas páginas, em *Os dialectos por-*

tugueses ou neo-latinos da África, Ásia e América. Leite de Vasconcelos também se preocupou com o dialeto de Macau numa comunicação durante o X Congresso dos Orientalistas (*Sur le Dialecte Portugais de Macau. Exposé d' une Mémoire Destinée à la 10 e Réunion du Congrès International des Orientalistes*).

O macaense João Feliciano Marques Pereira, destacado orientalista, freqüentou em Lisboa o curso superior de letras, tendo sido aluno de Adolfo Coelho. Em Macau foi professor, deputado e jornalista. Editou a revista *Ta-ssi-yang-kuo* (Grande Reino do mar do oeste), que contém artigos com o título "Subsídios para o estudo do dialecto de Macau".

Como estudiosa do dialeto, destacou-se também Graciete Nogueira Batalha, lingüista formada pela Universidade de Coimbra, que viveu em Macau longos anos, publicando vários trabalhos.

O patoá sobrevive na obra de José dos Santos Ferreira. Poeta e prosador, conhecido por Adé, tem numerosos escritos na "doce língu maquista", tais como: *Poéma di Macau* (1983) e *Macau, jardim abençoado* (1988).

Ao terminar, diríamos que Macau, mundialmente considerada uma cidade-museu, onde transitam milhares de turistas anualmente, é uma cidade que seduz. Sua sedução não está na arquitetura, na estrutura urbana, nas pessoas ou nos hábitos, mas na mistura de tudo isso, ou seja,

> um templo chinês, um pagode, um convento, uma mesquita, uma simples casa chinesa ou um palácio português, que definem um universo exótico e profundamente culto (...) conjunto híbrido onde se interligam as mais variadas culturas e formas, que, cristalizando ao longo de quatro séculos, transformaram aquele organismo urbano num acontecimento único (Calado, 1985, p. 132).

136 Oriente, engenho e arte

Referências bibliográficas

AMARO, A. M. Eleições para o Senado de Macau em 1842 e os "homens bons" da terra. *Revista de Cultura (Macau)*, n.19, 1994a.

_____. Filhos da terra. *Revista de Cultura (Macau)*, n.20, 1994b.

AZEVEDO, R. A. *A influência da cultura portuguesa em Macau*. Lisboa: Instituto de Cultura e Língua Portuguesa do Ministério da Educação, 1984.

BATALHA, G. N. Este nome de Macau... *Revista de Cultura (Macau)*, n.1, 1987.

CALADO, Maria e outros. *Macau cidade- memória no estuário do rio das Pérolas*. Macau: Governo de Macau, 1985.

CHEUNG MIL BING, C. Macau: um período "pré-pós-colonial". *Revista de Cultura (Macau)*, n.19, 1994.

COATES, A. *Calçadas da história*. Trad. Luísa Guedes. Macau: Instituto Cultural de Macau, 1991.

FARIA e SOUZA, M. *A Asia Portuguesa*, Lisboa: B. da Costa Carvalho, 1703.

FOCK. O debate Ming acerca da acomodação dos portugueses e o aparecimento da "Fórmula de Macau". *Revista de Cultura (Macau)*, n.16, 1991.

GUEDES, J. *Laboratório constitucional*. Lisboa: Livros do Oriente, 1995.

MORBEY, J. Alguns aspectos em torno da identidade étnica dos macaenses. *Revista de Cultura (Macau)*, n.20, 1994.

PIRES, B. V. Transculturação em Macau. In: _____. *Os extremos conciliam-se*. Macau: Instituto Cultural de Macau, 1988.

RANGEL, J. A língua e a cultura portuguesa em Macau e as instituições ao seu serviço no presente e no futuro. *Confluência*. Rio de Janeiro: n.12, 1996.

SANTOS, I. As relações luso-chinesas através de Macau nos séculos XVI e XVII. *Revista de Cultura (Macau)*, n.7-8, 1988-1989.

SILVA NETO, Serafim. *História da língua portuguesa*. Rio de Janeiro: Presença: 1988.

SILVA REGO, A. da. *A Presença de Portugal em Macau*. Lisboa: AGG, 1946.

Identidade e memória no espaço literário de língua portuguesa em Macau

Mônica Simas

a Henrique de Senna Fernandes

Não há complexidade étnica sem fricção étnica.

Cabral Loureiro

Macau é um espaço complexo. Na encruzilhada de sentidos que permeiam qualquer tentativa de abarcar a sua visibilidade, esbarramos na inscrição de uma imagem fronteiriça criada no jogo do ver e do não ver – um horizonte cultural cruzado por alteridades que surgem e que sucumbem na sua profundidade. O olho colonial, formatado dentro de uma tradição que fazia incidir sobre a representação de um outro, o espelho, espantou-se ou admirou-se com as suas deformações, sem nunca se desapegar da satisfação do descobrimento de si próprio. Da fabricação de um imaginário de Portugal à fabricação de um imaginário de Macau, existiu sempre uma margem conceitual que reivindicava a apropriação do espaço "além" como um desdobramento parcial e cognitivo de referências matriciais portuguesas.

O que pretendemos pôr em discussão neste trabalho refere-se às formas de se entender o espaço sociocultural de Macau, que vão do olhar português colonial até perspectivas engendradas pelos próprios macaenses. Várias das nossas indagações surgem ao depararmos com a afirmação de Eduardo Lourenço (1999, p.9) de que "cada povo só o

138 Oriente, engenho e arte

é por se conceber e viver justamente como destino". Uma primeira indagação que nos parece relevante é: de que forma(s) podemos conceber o destino de Macau quando textualmente aparece localizado na ação discursiva colonial, ou seja, como parte e derivação do destino português? Uma segunda preocupação busca saber se a noção de destino prende-se necessariamente aos mitos das origens, se é condicionado somente ao tempo mitológico, a uma "promessa de duração eterna". Um questionamento ainda mais importante, portanto, é tentar perceber, enfim, se "cada povo só o é por se conceber e viver justamente como destino", segundo essa concepção de Lourenço que atrela o destino ao mito. Poderíamos formular outras questões a partir do intrigante texto "Portugal como destino: dramaturgia cultural portuguesa" de Eduardo Lourenço, mas, no momento, vamos nos ater apenas às especulações mencionadas, tendo em vista a nossa preocupação principal de situar Macau na literatura de língua portuguesa.

Nos estudos coloniais, o olhar intérprete

Em relação a nossa primeira indagação, podemos perceber que, por um lado, a produção textual colonial tratou Macau como um território conceitual pensado no espaço periférico de reprodução de uma consciência nacional, ou seja, dentro das margens que o Império e a sinologia/orientalismo definiram como tradição. Nesse sentido, se a partir do século XIX fez-se o balanço da situação de Portugal na Europa, questionando-se radicalmente a matriz de um "reino cristão com uma missão civilizadora", fixada no épico camoniano conforme aparece no texto de Lourenço, em Macau, da transfixação dessa matriz, derivou o culto do exílio do poeta ritualizando, na romaria que começou oficialmente já na década de 1920, a "portugalidade" da comunidade e a sua "valorosa" origem. Essa matriz mítica derivada, encenada nas romarias e apontada por Camilo Pessanha como uma força vital que se mantinha apesar do "meio hostil", situa Macau em um processo significativo de reprodução da cultura portuguesa que buscou anular os modos de contemplação de outras forças identitárias que compunham o território e que se situavam fora de um enquadramento extensivo uniforme do "destino" português. Esse processo reprodutivo serviu tanto à exaltação de uma origem mítica quanto à produção de uma visibilidade pessimista do destino português, tornando a administração colonial a medida do próprio desenvolvimento nacional.

Por outro lado, o discurso colonial não se apresenta tão coeso quanto o que determina a sua intenção. Os ensaios de Homi Bhabha (1998) sugerem uma reorientação para a análise do discurso colonial, baseada na interpretação dos mecanismos psíquicos subjacentes às relações entre poder e linguagem. Para Bhabha, a autoridade que aparece no discurso colonial é fraturada e instável em razão das respostas psíquicas contraditórias ao "outro" colonizado. Utilizando alguns elementos do pós-estruturalismo para conceituar a tensão perturbadora dos mecanismos de linguagem subjacentes ao discurso colonial, o autor demonstra que o discurso colonial nunca é tão unificado quanto se propõe a ser devido à tendência internalizada de os significados deslizarem, produzindo na repetição o efeito ambivalente da diferença. Moore-Gilbert (1997, p.118) entende que, nesse sentido, para Bhabha esse discurso nunca parece consistente, confiante e monológico tal como Edward Said o busca definir em *Orientalismo*.

Aproveitando os conceitos teóricos que Bhabha desenvolveu e para apontar algumas rotas para a locação cultural de Macau, podemos pensar que a imitação da vivência da "dramaturgia cultural portuguesa", no espaço além-mar, encena a "farsa colonial" de que esse crítico nos fala, ao refletir sobre a ambivalência do discurso colonial. Em "Da mímica e do homem: a ambivalência do discurso colonial", Bhabha (1998, p.129) argumenta que, "se o colonialismo toma o poder em nome da história, exerce repetidamente sua autoridade

140 Oriente, engenho e arte

por meio das figuras da farsa". Isso porque a "intenção épica" produz uma forma de mímica que deforma a matriz original. A imitação, na sua repetição gestual, reproduz o sonho da civilidade ocidental para garantir a presença daquela matriz "original", no entanto não a reproduz exatamente, desestabilizando a fixação de uma imagem cultural coletiva singular.

Em uma perspectiva que engloba o destino além-mar na tradição imperialista, a cultura chinesa foi objeto de estudo e análise que serviu à eficiência da administração colonial local de Macau e alargou, de certa forma, o patrimônio cultural português. Além disso, da tentativa de reproduzir uma consciência nacional, surgiu uma espécie de cegueira para o hibridismo gerado na produção étnica da sociedade macaense. A sociedade local aparecia comum e textualmente polarizada na soma essencial que definia o português e o chinês, sendo o termo macaense utilizado para se referir às diversas comunidades de matriz portuguesa localizadas no Oriente – os portugueses do Oriente. No decorrer do século XX, entretanto, as representações da sociedade e da cultura coloniais deslizam da forma parcial de identificação que essa tradição abrange para dar visibilidade a uma estrutura mais complexa, na qual a consciência da distância entre o português e o chinês reconfigura ainda um entrelugar que passa a demandar o desejo de reconhecimento e, pelo qual, são engendradas novas imagens acerca de Macau. Tentaremos percorrer o deslizamento que vai da esfera de representações da diferença a partir da matriz épica de configuração cultural de Macau à articulação complexa da emergência de um reconhecimento de hibridismo.

Jaime do Inso e a literatura colonial

Começando pelo estranhamento que o reconhecimento das diferenças implica, a viagem de Rodolfo e Frazão a Macau, perso-

Identidade e memória no espaço literário de língua portuguesa em Macau   141

nagens da obra literária de Jaime do Inso (1996) em *O caminho do Oriente*, livro premiado no VI Concurso de Literatura Colonial, na década de 1930, exibe a locação problemática de Macau aos olhos daqueles que vêm "do lado de lá do oceano". Jaime do Inso, ele mesmo viajante como oficial da Marinha, esteve em Macau entre 1926 e 1929 e, além do livro citado, dos trabalhos que apresentou na Exposição de Sevilha de 1929 e no Congresso Colonial do Porto em 1934, publicou *Visões da China* (1933), *China* (1936) – primeiro em fascículos, depois de dois anos encadernada, finalmente editada em 1999 – e *Cenas da vida de Macau*, reeditada no ano anterior, em 1998 (cf. Laborinho, 1996).

No prefácio, Inso (1996) nos indica o que vamos encontrar na leitura do livro: enredo e linguagem simples com o "uso e abuso de termos alheios à nossa língua (...) não por menosprezo do purismo", mas para representar "aquela espécie de desnacionalização em que se vive no Oriente, o cosmopolitismo do meio...". A tentativa de representar a desnacionalização evidencia a problemática construção de um discurso que emerge entre a nomeação em um espaço múltiplo culturalmente, que nos é descrito, ao longo da narrativa, em suas particularidades organizacionais e evocações históricas, dentro de uma perspectiva pedagógica e de fascinação diante do mundo oriental, que nos é apresentada logo no primeiro capítulo, "O Oriente".

O Oriente!

Haverá nome que melhor tenha soado aos ouvidos dos portugueses?

Não há, e com razão.

É que o Oriente é aquele mundo onde qualquer coisa de novo, de misterioso e de subtil empresta uma nova feição à vida e às coisas.

O Oriente é aquela terra tentadora e voluptuosa para o europeu, cheia de ilusões e desilusões, de gozos e perigos onde, num labutar

142 Oriente, engenho e arte

constante, numa vida exaustiva de trabalho, de quando em quando encontrava a tortura e morte: a tortura do espírito, a agonia da personalidade!

O Oriente, sonho antigo de Portugal, factor da nossa grandeza e decadência, visão incompreendida do grande Infante, é o rasto da epopéia lusitana que outros depois trilharam numa ascese de opulência e de riqueza (ibidem, p.13).

Sob a moldura discursiva de uma extensão da intenção épica matricial, Inso embarca Rodolfo Moreira, "um tipo insinuante e fino, apurado no trato e no trajar", e Frazão Antunes, "um tanto prosaico e calmo", "uma antítese perfeita do amigo", em direção ao Oriente, "numa viagem que bem podia chamar-se aventura". A viagem dos amigos de infância e de trabalho, mas "com orientações diferentes", decorre da vontade de fazer a firma Moreira & Antunes escapar das crises e do "entusiasmo optimista de Rodolfo" em tentar fazer fortuna no Oriente. Marselha, Itália, PortSaid, Egito, Mar Vermelho, Oceano Índico, Colombo, Ceilão, Cingapura, Saigon e Hong Kong são pontos essenciais descritos nesse itinerário orientalista até Macau.

A descrição desse Oriente insólito e misterioso cruza-se com uma espécie de balanço acerca dos portugueses e de suas atividades, em contatos e conversas apresentadas no confronto de Rodolfo e de Frazão com outros personagens que formam o quadro humano do mundo das viagens ao Oriente, como Brito, "um daqueles protótipos de burocrata colonial, velho vencido da vida que na Metrópole não conseguira arrumação, larachista sem piedade, sempre de tesoura afiada para a má-língua, conhecendo todas as intrigas coloniais desde duas gerações"; Dr. Lima, "funcionário austero e zeloso cumpridor da lei", "um português daquela têmpera antiga, de antes quebrar do que torcer", que só pensava em seus "pinhais"; Dr. Pratas, "moço

Identidade e memória no espaço literário de língua portuguesa em Macau 143

simpático e falador, entusiasta pela Índia para onde voltava, depois de uma licença, a exercer o seu cargo oficial".

Nós em Portugal somos, por motivos vários, uns tristes, uns sorum-báticos, vergados ao peso do destino e não damos por isso no nosso meio fatalizado, mas fora dele e, sobretudo quando a eles voltamos (p.46).

Apenas os descendentes dos portugueses, os "isentos" de Malaca e que hoje ascendem ainda a alguns milhares, se orgulham de manter a tradição da língua portuguesa, um "patois" parecido com o antigo dialecto de Macau e que é incompreensível para nós.

Os escombros do nosso grande Império do Oriente! (p.55)

O padre Coroado, de arcaboiço largo e rijo, com dezoito anos de serviço em Malaca, era um verdadeiro monumento feito da rija alma portuguesa (p.57).

As considerações que aparecem, no itinerário até Macau, reve-lam a exaltação da preservação necessária ao sistema colonial do monopólio cultural, assegurando a legitimidade dos portugueses na esfera de outras influências culturais, no Oriente. Em particular, o sistema paroquial, um dos vértices principais da manutenção estru-tural da presença portuguesa, aparece como núcleo contrário à "for-ça de desnacionalização do Oriente". Em Macau, até meados da dé-cada de 1960, as igrejas só executavam a liturgia em português, e, portanto, havia uma discriminação da população que não participa-va da comunidade lingüística portuguesa. Ou seja, até a década de 1970, o sistema paroquial de Macau servia basicamente aos habitan-tes que se enquadravam culturalmente na lusofonia (cf. Cabral & Lourenço, 1993, p.122).

Chegando a Macau, Rodolfo e Frazão recebem as primeiras in-formações acerca da cidade, que não surge por inteira aos seus olhos viajantes, mas em recortes, conforme o movimento "intruso" do barco.

144 Oriente, engenho e arte

A busca de controlar uma certa confusão dos sentidos causada por um olhar não habituado com a paisagem, principalmente com a paisagem humana e cultural, submete a cidade a uma visita em comparação, onde a matriz portuguesa é separada da chinesa, no horizonte da experiência que os viajantes carregam e levam como bagagem.

Assim, depressa verificaram que a cidade de Macau, espreguiçando-se dolentemente sobre minúsculas planícies e encostas, garrida e suave, no seu conjunto harmonioso de beleza dormente que não quer despertar, encerra, na realidade, duas cidades distintas mas que não são fáceis de separar e que correspondem a duas almas, a duas vidas, a duas civilizações – a de Portugal e a da China (Inso, 1996, p.75).

A nomeação problemática de uma fronteira definida pela heterogeneidade marca a dificuldade de localizar Macau a partir do momento em que se cruza o oceano, instigando, ao mesmo tempo, uma investigação constante da cidade até o limite de sua apreensão e do desejo – a capacidade de se deixar influenciar ou de coexistir em diferença, ou ainda de abandoná-la. A cidade partida ou dupla, invadida, na curiosidade de Rodolfo e de Frazão, especifica um modo de reconhecimento que se conjuga como um dilema, em sua forma parcial de estabelecer projeções de alteridade.

É só mais tarde, passado um certo período de adaptação, que o europeu, duma maneira geral, se encontra em face do dilema – ou se molda e adapta ao novo meio que dificilmente virá a trocar por outro, mesmo pelo da supercivilização, ou não se moldou, não se adaptou e a vida passa a decorrer-lhe como um martírio para que só há um remédio: abandonar a China! (Ibidem, p.76)

Rodolfo e Frazão seguem o mesmo itinerário na cidade, mas suas "orientações diferentes" marcam o movimento distinto de seus personagens ante o desafio de adaptação ao novo meio. Ambos ficaram "verdadeiramente admirados com o que observavam em Macau" e "não escondiam a surpresa que lhes causava tudo quanto viam", mas Rodolfo permanece em Macau, muda o posicionamento de sua observação diante do abalo que a apropriação indébita do mundo chinês lhe causa, enquanto Frazão continua sua viagem pelo Oriente, alargando a sua cultura civilizacional, até retornar a Portugal.

Rodolfo está inscrito no processo iniciático de desnacionalização, transportando-o quase completamente para o "lado de lá da fronteira", mas do qual é resgatado. O processo de desnacionalização por que Rodolfo passa duplica o seu horizonte de desejo, inscrevendo-o na ambivalência de um sentimento que está representado pelo "amor à China" do qual a *Pi-Pa T'chai* A-Mi é metáfora e a manutenção de uma reiteração e continuidade de um modelo nacional (português) representado pelo seu "amor à Tininha".

A China, no horizonte do desejo, é situada a partir dos sentimentos paradoxais, pois é um espaço "que prende e tortura, agrada e faz sofrer". Tininha, por sua vez, é personagem também inscrita no percurso da "aventura" de Frazão e Rodolfo. Aparece esporadicamente, na narrativa, representando o "único remédio" para o "influxo estranho" que "sufocava" Rodolfo e de quem ele vai se afastando à medida que o "contacto com a vida chinesa, com os seus hábitos, com a sua arte, as suas superstições e, até, vícios, iam-se-lhe criando laços". Rodolfo cruza a fronteira do mundo exótico ao ir morar com A-Mi, até que um tufão varre essa nova relação com o mundo outro. A perda de A-Mi constitui um trauma que desorganiza os sentidos de Rodolfo, mas que o coloca em um estado de caos, possibilitando uma nova reestruturação da sua personalidade a partir do poder da erva chinesa do esquecimento e do poder da oração de Tininha. No contexto do discurso colonial, as linhas de força que reconduzem o destino de Rodolfo são justamente a perda da memória e a religião.

146 Oriente, engenho e arte

Rodolfo é impulsionado a uma vida "em comunidade", inserido em um destino outro, em uma nova forma de expressão cultural que, no entanto, não corresponde exatamente à matriz portuguesa.

Conforme ele vai "arrumando a vida" em Macau, a história da cidade vai se evidenciando. Suas atividades comerciais e industriais, suas peculiaridades, principalmente no que se refere às tradições chinesas, como a festa do Ano Novo, o Bazar (bairro chinês), os jogos, a prostituição, os pagodes, a ocidentalização que carrega para a cidade a civilização e o progresso com os seus "melhoramentos", como restaurantes novos, *jazz* e bailes, constituem um prenúncio das cenas da vida de Macau que Inso pretende mostrar ao leitor que desconhece o Oriente e que chega a "confundir a China com a Índia". Macau aparece rica e simultaneamente inscrita em uma es-pécie de moldura exótica, reiterando aquilo que Edward Said chama de *discurso orientalista latente*, que acaba por manifestar-se numa série de informações correntes nos estudos coloniais.

Em uma outra perspectiva, porém, reparamos ainda que as ce-nas da vida macaense, apresentadas por Inso, passam por uma intermediação sem a qual elas deixariam de ser legíveis. É Eustáquio, um macaense, quem explica a Rodolfo e Frazão o Bazar Chinês; é Julião Torres, um macaense educado em Portugal quem lhes esclare-ce os processos comerciais e a situação industrial de Macau; é Segismundo, outro macaense, quem traduz a peça teatral em patois; é Dinora – "a da triste sina, a meiga filha de Macau" – quem socorre e ajuda Tininha; e é A-Chan, criada chinesa, que fala um patois próprio dos chineses, quem traduz os diálogos entre Rodolfo e A-Mi. Esses personagens, secundários na história, ocupam o espaço princi-pal na tradução da representação de Macau, em que a imagem da comunidade chinesa é confrontada por suas diferenças e particulari-dades. A incidência do olho intérprete contempla a cidade ilegível aos olhos portugueses, desocultando, nesse processo, tanto a representação da Macau chinesa quanto a sua própria representação. Temos, na narrativa, um fio que conduz à identificação da localização cultural do macaense: a ocupação de uma posição intermediária na sociedade, garantindo-lhes uma autoridade discursiva e intérprete da cultura de expressão chinesa do território, a representação de uma face que perturba a identificação de uma identidade portuguesa uniforme. Assim sugere o diálogo encenado em patois entre filha e mãe, quase no final do texto de Inso (1996):

> *– Mami, dessa eu faze màs ungha pergunta, podê?*
> *– San cusa vôs querê sabe? Bom! Fala minha criança!*
> *– Porque todo gente fala iou-ça cára nunca igual papi?!*
> [Porque é que toda a gente diz que a minha cara não se parece com a do papá?]
> *– Ah minha criança, vosso cara igual minha! Vosôtro nunca falá com consciência nunca igual sua mãe!* (p.201-2)

Mais do que um acúmulo de informações acerca de Macau e além da apresentação de um Oriente insólito e misterioso, repleto de fantasia erótica, produzido no contexto de um discurso colonialista que reage defensivamente à ultrapassagem da fronteira matricial mítica, o texto de Inso, nessa outra perspectiva, abala a unidade de uma identificação configurada somente por essa matriz, insinuando a visibilidade de uma outra face.

O rosto desse intermediário expressa formas de interpenetração étnica e de culturas e tem sido motivação para a investigação da locação cultural de Macau em várias modalidades discursivas – sociológica, econômica, antropológica e histórica. Buscamos articular as formas de compreender o destino e a origem desse rosto intermediário. Por meio dessa articulação, podemos relacionar parte das representações que contribuem para a construção de saberes acerca da

148   Oriente, engenho e arte

identidade macaense e da identificação de Macau, questionando ainda as configurações do destino do território. A face desse intermediário – o macaense – se presentifica no sistema literário tanto como tema inserido em textos literários quanto como agente e produtor dentro desse mesmo sistema.

Dos antigos documentos de cronistas, de religiosos e de viajantes aos metódicos e sistemáticos censos instaurados a partir dos finais do século XIX, a caracterização do macaense implica contextos de reprodução humana bastante variados que, ao longo do tempo, formaram diferentes projetos identitários e que, por conta da sua mutabilidade, mantiveram-se como um dos vetores principais da sociedade de Macau.[1] A identidade étnica macaense é herdeira de um complexo processo histórico, sendo caracterizada por pessoas que têm diferentes origens, hereditariedades, línguas, religiões. Por isso, do ponto de vista cultural, Cabral & Lourenço (1993, p.19) afirmam que, no território, não se pode dizer que "existam nem uma, nem duas culturas identificáveis".

A sua argumentação vai de encontro a todos os que têm vindo adotar visões essencialistas da cultura, definindo a sociedade macaense como a soma simplista do português mais o chinês. Para os autores, mesmo constituindo um número pequeno, são os macaenses – designação portuguesa – ou *to saang* – designação cantonense que significa "filho da terra" – um dos vetores centrais da sociedade de Macau, mas a sua formação étnica é plural. Os autores reparam que o termo macaense não é usado para referir as pessoas que simplesmente nasceram em Macau, mas para identificar aqueles que estão conotados com a identidade macaense como projeto étnico. Nesse

---

1 Para melhor compreender o desenvolvimento etnodemográfico de Macau em seu processo histórico, ver Amaro (1988, 1996).

sentido, em um trabalho de campo que totalizou 12 meses, entre 1989 e 1992, os autores estabeleceram três vetores principais que são utilizados na classificação do macaense: associação de um indivíduo ou de sua família com a língua portuguesa; qualquer forma de identificação individual ou familiar com o catolicismo; e a miscigenação entre sangue europeu e asiático (cf. ibidem, p.22).

Os macaenses não reúnem necessariamente esses três vetores de identificação; entretanto, aqueles que, na sua identificação, somam essas características constituem um núcleo familiar à volta do qual a identidade macaense se constrói e, geralmente, apresentam-se pela categoria de família tradicional. Na investigação desses autores, evidenciou-se que o projeto étnico das gerações macaenses – geração declinante (os que nasceram entre os anos 20 e 30), geração controlante (os que nasceram entre os anos 40 e 50), e geração emergente (os que nasceram no decorrer das décadas de 1960 e 1970) – passou por mudanças profundas, conduzindo a uma total alteração de suas estratégias de socialização.

Luís Gonzaga Gomes – mediação e produção cultural

O projeto étnico do qual deriva o olhar intérprete corresponde a um processo em contínua transformação. Ao confrontar diversos conflitos históricos, durante o século XX, a comunidade macaense identificou-se com projetos étnicos diferentes, elaborados ativamente no domínio das relações sociais. Temos, nessa perspectiva, uma apreensão do tempo flexível que desmonopoliza a contemplação que incide o coletivo somente na plenitude do tempo mítico, na "promessa de duração eterna", como afirma Lourenço. A construção social que envolve o macaense foi constantemente posta em causa e alterada em razão dos vários "tufões" – incidentes históricos – que ocorreram durante o século XX. O estabelecimento da República de

150   Oriente, engenho e arte

Sun Yat-Sem, a revolta dos Boxers, a Guerra do Pacífico, a Revolução Cultural Chinesa, a Revolução dos Cravos e a transição da transferência da soberania são movimentos que afetaram profundamente as estratégias de ação social do macaense, colocando o seu projeto étnico em risco. A demanda por uma leitura representativa de Macau encontra também na literatura macaense a imagem desse agente intermediário da cultura chinesa, preso às fronteiras dos vetores de identificação referidos e sujeito a uma fragilidade identitária pela falta de direito de soberania, pelo estranhamento espelhado em uma face "que não é exatamente" (igual à portuguesa).

Na construção imagética de Macau, as representações se movem entre formações culturais que garantem um patrimônio etnocultural e estratégias sociais que possibilitam a adaptação acional do macaense dentro de novas conformações sociais. Foi com o objetivo de asseverar o patrimônio cultural macaense no que diz respeito às crenças, aos hábitos, à moral, às leis, às estórias e à expressão artística que o macaense Luís Gonzaga Gomes, aluno de Pessanha e de Manuel da Silva Mendes, executou um vasto programa institucional para a memória de Macau. Foi professor e diretor do ensino primário durante mais de 20 anos; intérprete e tradutor de várias obras chinesas de importância fundamental para a história de Macau, como *Ou Mun Kei-Leok* (Monografia de Macau), escrita em 1745-1746 pelos chineses Tcheng Ü Lám e Ian Kuon Iâm; tradutor de obras literárias portuguesas e da história de Portugal para o idioma chinês; etnógrafo, colecionador de arte chinesa; diretor da Emissora de Radiodifusão de Macau; conservador do Museu Luís de Camões, instalado em Macau na década de 1950; bibliotecário da Biblioteca Nacional; fundador e diretor do *Boletim do Instituto Luís de Camões*; chefe de redação da revista *Renascimento*; secretário-geral do diário de *Notícias de Macau*; autor da *Bibliografia macaense*, importante coletânea referencial da cultura e da história de Macau; e diretor da publicação mensal dos *Arquivos de Macau* (cf. Santos & Neves, 1996, p.1130). Essa grandiosa produção de Gomes defendeu o projeto étnico macaense que, no contexto da geração declinante, representava uma maior identificação com a identidade européia, legitimando, pelo conjunto de agências culturais estabelecidas, os direitos de cidadania do macaense e da vida em comunidade, a intermediação fundamental sociocultural dentro da coletividade, justificando o julgamento do crítico Túlio Tomás de que "Luís Gomes, sozinho, representa uma fase da história cultural de Macau: por ele próprio e pelo que conseguiu realizar" (apud Gomes, 1997, p.9).

Na reedição de alguns dos numerosos artigos e crônicas que espalhou por jornais e revistas, feita pelo Instituto Cultural de Macau, aparecem aspectos do cotidiano e da história da cidade, incluindo uma parte substantiva da memória chinesa acerca de Macau e de adjacências. Gomes identificou maneiras de viver específicas, bastante particularizadas em relação ao arquivo ocidental de conhecimentos genéricos da cultura e da civilização chinesas estabelecido pela sinologia. Em *Chinesices*, Gomes (1994a) descreveu elementos da esfera sociocultural chinesa, como as organizações das casas de penhor, o sistema de recrutamento dos funcionários por meio de exames públicos, a história da indústria da seda, incluindo a sua lendária origem, a história do uso de ervas chinesas para tratamentos de doenças, as formas de luta chinesa, o sistema da geomancia, os jornais chineses, o ritual de casamento, jogos e atividades profissionais dos vendilhões ambulantes, e das penteadeiras. Além de entretecer as suas descrições com estórias que circulam entre a população chinesa, o autor buscou demonstrar modos próprios de locação da cultura chinesa em Macau. Assim, nas crônicas "A luta chinesa", "Burlando por meio de jornais" e "Vendilhões ambulantes", por exemplo, formam-se quadros da sociedade macaense que exibem algumas das estratégias acionais da sociedade chinesa que coexistiram com as dos portugueses e as da administração local.

O gosto pela leitura na China tomou tal incremento que, mesmo numa cidade tão pequena como Macau, se publicam nada mais nada menos que quatro periódicos: *Uá-K'iu-Iât-Pou*, o de maior circulação; o *Sâi-Kái-Iât-Pôu* o *Tcheng-Vá-Pôu*, e o *Tái-Tchông-Pôu* (...).

Muitos desses jornais, principalmente os de pequeno formato, que eram geralmente de um quarto duma folha vulgar e conhecidos pelos ingleses pela designação de *mosquitoes paper*, mantinham-se quase que exclusivamente de chantagem. Esses pasquins conseguiam extorquir substanciosos subsídios das pessoas gradas, por meio dos seus escritos difamatórios acerca de actos menos honestos dos mesmos não se pejando mesmo de bulirem com a vida íntima daqueles que desejavam alvejar. (Gomes, 1994a, p.112-3)

Desde tempos imemoriais que nas cidades chinesas se instituiu o hábito de os negociantes levarem às residências dos particulares as mercadorias que lhes são mais necessárias e tal costume devia ter sido motivado pelo facto de ser inibida às mulheres a freqüência das lojas, por ser considerada um procedimento altamente escandaloso a sua ausência do lar (...).

Em Macau, como em todas as cidades da China, não faltavam vendilhões ambulantes, devendo mesmo existir alguns milhares e, assim, logo pela manhã, os pacatos burgueses são sacudidos para fora das suas mornas camas, pela vibrante gritaria dos garotos dos jornais que, com invejável fôlego, disparam, em rápida sucessão, os títulos das notícias, dos acontecimentos mundiais, excedendo-se cada um na forma de impressionar melhor o público e causando-lhe tal sensação que o sucesso da venda é alcançado num instante. (Ibidem, p.137-48)

Essas crônicas descrevem três atividades – imprensa, artes marciais e comércio – que têm importância fundamental para a ascensão da sociedade civil de Macau e que estão articuladas diretamente com a política chinesa. Gunn (1998, p.136) nos mostra que é possível estabelecer, em Macau, como em outros lugares, uma correlação entre a ascensão da imprensa chinesa e a ascensão do nacionalismo chinês. Desde os jornais que surgiram nos últimos anos do século XIX em defesa da reforma e do constitucionalismo, passando pela propaganda antiQing, que teve contribuição de Sun Yat Sem, à exaltação nacionalista provocada por Mao Tse-tung, esse foi o meio principal para a divulgação e afirmação das idéias políticas chinesas no território.[2]

Macau sempre constituiu um local mais ou menos seguro para refugiados políticos que, normalmente, pertenciam ou se filiavam a seitas, cuja atividade mais comum era o desenvolvimento de sistemas de luta marcial. Os vendilhões, por sua vez, eram parte de uma classe trabalhadora que, de maneira geral, vivia na pobreza, fornecendo às associações comerciais chinesas a sua mão-de-obra, formando, ao longo do século XX, uma crescente classe média. À medida que a classe média chinesa foi se fortalecendo, aumentou também a tensão social entre chineses e portugueses.

O olhar intérprete e investigador de Gomes apresenta muitas facetas de Macau. A cidade aparece como a maior personagem de seus textos, desdobrada em imagens que apontam para vozes que têm a sua legitimidade ofuscada, durante o denominado período colonial de Macau. Diante da legitimação administrativa portuguesa que, desde os primórdios de Macau, representava o vetor de força da construção identitária macaense, esse autor evidenciou marcas da diferença cultural no território. A sua diferenciada observação foi bastante corajosa se tivermos em mente que ele, na designação de Cabral & Lourenço (1993), pertence à geração declinante, geração em que não

---

2 Sobre o desenvolvimento da imprensa em Macau, ver *Oriente impresso* (1999) e *Revista Cultural de Macau* (1990).

ser identificado com a comunidade chinesa significava uma maior probabilidade de promoção social. Apesar de ativar um olhar intérprete cujas raízes identificam-se com o "capital de portugalidade", oferece ângulos inusitados em relação a essas marcas de identificação cultural, cruzando a esfera comunicativa do "capital de portugalidade" com a do "capital sinófono", atualizando um discurso alternativo, dirigido para a contemplação da memória dos habitantes chineses de Macau.

No universo das suas "chinesices", contemplam-se histórias marcantes como as narradas em "O desastroso tufão de sete da sétima lua" e "A velha muralha de Macau", ambos os contos inseridos em *Macau: factos e lendas* (1994b). Gomes organiza a focalização da cidade em assuntos – "Páginas da história de Macau", "Curiosidades de Macau antiga", "Lendas chinesas de Macau" e "Festividades chinesas" –, demarcando aquilo que a sua investigação contempla e organizando uma espécie de inventário da memória coletiva da cidade. O olhar curioso que ciranda pelas "partes velhas da cidade" soma a face representativa da herança cultural chinesa à herança cultural portuguesa, apresentando, de forma fragmentada, uma arqueologia que se apresenta dispersa na cidade. Os microcosmos da cidade, que aparecem em *Curiosidades de Macau antiga* (1996) – "O poço dos ananases", "Associação das três ruas", "O tanque sagrado de Lin-K'âi" e "A árvore dos amores contrariados" –, apresentam um entrelaçar de conhecimentos genéricos acerca da cultura chinesa com conhecimentos particulares enraizados na toponímia da cidade. Em seus textos, a cidade aparece em seu duplo, na exploratória investigação que atravessa a realidade viva e dinâmica das referências geográficas chinesas.[3]

---

3 Sobre a toponímia de Macau (versão portuguesa), ver Teixeira (1997).

Outro local, cujo nome em chinês ainda perdura, é a área de Sá-Kóng, vocábulo esse que significa "boião de areia" e assim fora chamado porque a sua configuração aparentava um enorme boião e porque toda aquela depressão formada na falda do Kâm-Kôk-Sán, ou "Monte do Vale de Oiro", no cume do qual se encontra hoje o forte de Mong-Há, era toda coberta de areia. Era aqui que se enterravam os cultivadores indigentes das antigas aldeolas de Mong-Há'e de Lông-T'in, quando vinham falecer (Gomes, 1996, pp.148-9).

A demarcação geográfica que o olhar curioso, arqueológico, de Gomes instaura ao percorrer as ruas "velhas" de Macau faz emergir, nessa sua crônica e em outras, como "Lán-Kuâi-Lâu" ou "A areia preta",[4] o processo perceptivo histórico diferenciado dos chineses, revelando na cidade os cruzamentos que se fazem a partir da coexistência narrativa temporal paralela das matrizes referenciais portuguesa e chinesa. Diferentemente de outras colônias, sobre Macau foram construídas narrativas históricas (versões chinesa e portuguesa) paralelas sem nenhuma interação. O cruzamento de referências históricas, no entanto, passou a ser imprescindível no período de transição (1987-1999).

A incidência sobre as sociedades que compõem a esfera acional chinesa, como as que aparecem no trecho anteriormente citado e ainda em "O voto do hospital Kèang-U" (p.51-3) e "Associação das três ruas" (p.29-31), situa Macau como corpo inscrito em um sistema de estratégias que refletem também as disparidades sociais e econômicas da cidade. A instalação de associações comerciais chinesas em Macau data do período de sua fundação, assim como a de casas cuja atividade intermediária estava ligada às importações e/ou exportações. Durante as primeiras décadas do século XX, as várias casas

---

4 Ambas encontram-se em Gomes (1996, p.47-9; 55-7).

156 Oriente, engenho e arte

formaram diferentes associações que confrontaram e abalaram a legitimidade "administrativa" portuguesa do território. Os capitalistas chineses foram constituindo a força econômica dominante do território, principalmente a partir do pós-guerra, momento em que o jogo tornou-se uma das fontes básicas dos investimentos realizados no território. Tal como em Hong Kong ou em Cantão, esses serviços de assistência exerciam um papel fundamental sobre a grande maioria da população que era pobre.

No século XX, a repercussão dos conflitos históricos incidiu, várias vezes, de maneira brutal, sobre esses seres menos privilegiados que se moviam pelos espaços da cidade como anônimos, dispondo-se em uma visibilidade limiar de existência, quase interdita. No mergulho da descoberta desses rostos anônimos, Deolinda da Conceição[5] transformou, em seus pequenos contos, o espaço doméstico em lugar fronteiriço das complexas inquietações causadas pelas tormentas históricas, denunciando a angústia que a Guerra do Pacífico projetou sobre o território.[6] Para Bhabha (1998, p.32), as revelações profundas do momento de estranhamento especificam a possibilidade de redesenhar o espaço doméstico como espaço individualizado do poder e da polícia modernos. O livro *Cheong-Sam: a cabaia* (1995), coletânea de contos que Deolinda da Conceição escreveu para o jornal *Notícias de Macau*, está carregado de imagens perturbadoras que afirmam a luta pela sobrevivência e existência

---

5 "Deolinda da Conceição nasceu em Macau, em 1914, e morreu, em 1957, em Hong Kong. Foi professora de português em Macau e Hong Kong e, durante a Segunda Guerra Mundial, foi directora da escola portuguesa dos refugiados de Hong Kong. Viveu ainda em Xangai. No regresso a Macau fez parte da redacção do jornal *Notícias de Macau*, onde orientou o Suplemento Feminino, fez crítica literária e artística, crônicas de moda, editoriais e contos" (Santos & Neves, 1996, p.1339).

6 No IX Seminário Nacional Mulher e Literatura, 2001, tivemos a oportunidade de comentar mais atentamente as crônicas de Deolinda da Conceição.

desses anônimos, principalmente das mulheres chinesas, em uma Macau caoticamente fragilizada.

O drama da guerra preencheu a cidade com cenas de atentados, espionagem, ameaças de invasões, fome, canibalismo e miséria.[7] Foi nesse cenário que Deolinda da Conceição abriu o pano – limite entre a expressão de lucidez e a codificação da loucura –, dando passagem à emergência de existências em estado de exceção e à visibilidade da capacidade de resistência, impingida nas fatalidades decretadas dos confrontos nacionalistas. É significativo que muitas das considerações de Cabral & Lourenço (1993) sobre a questão das origens do macaense tenham sido inspiradas pela leitura de *Cheong-Sam*.

A proposta de trabalho de Cabral & Lourenço (1993, p.56) "é que não é possível compreender a identidade étnica macaense sem tomar em conta o casamento interétnico", e o termo casamento é usado por eles para contextualizar também as relações de concubinato ou de mero reconhecimento dos descendentes. Ainda assim, a reprodução humana aparece contextualizada de maneiras bastante diversificadas nos textos dos escritores macaenses. Segundo esses autores, o contexto matrimonial até mais ou menos a década de 1970 era, geralmente, unidirecional, entre mulheres chinesas dos estratos inferiores e macaenses ou europeus de todos os estratos. O homem de ascendência chinesa só se casava com uma européia ou macaense se tivesse abandonado a sua identidade étnica chinesa (ibidem, p.66).

Considerando que o conceito de Cabral & Lourenço (1993) de reprodução humana ligada ao *contexto matrimonial de produção* (aquele que resulta de casamentos entre chineses e portugueses, ou macaen-

---

7 Para informações mais detalhadas sobre a guerra, ver: "50 anos da Guerra do Pacífico", "Macau: guerra em paz" e "China: memórias silenciadas". (In: *Revista Macau*, II série, n.43 novembro de 1995). Ver também Silva (1991) e Teixeira (1992).

158 Oriente, engenho e arte

ses, ou ainda entre qualquer um desses e uma pessoa originária de outro referente étnico, exterior ao território) implica uma probabilidade de acesso ao monopólio étnico macaense, podendo constituir um fator de benefício socioeconômico, entendemos que o relacionamento interétnico funciona como uma margem deslizante dentro de estruturas discriminatórias que tanto pode gerar estigmas e ressentimentos quanto ascensão social. O *estigma de humilhação*, além de diversas confrontações sociais, que o macaense enfrenta, é tema constante nos textos literários escritos pelos macaenses. A situação negativa de incompreensão étnica traduz também uma das vertentes do discurso sobre as origens do macaense. Cabral & Lourenço (1993, p.60-1) constatam que as vertentes do discurso sobre as origens que apóiam a construção da identidade étnica macaense correspondem a duas propostas: uma depreciativa, segundo a qual só os setores menos valorizados da sociedade chinesa estão na base da miscigenação; e outra prestigiante, segundo a qual a miscigenação teria ocorrido essencialmente entre portugueses e mulheres malaias, japonesas e indianas, só ocorrendo com mulheres chinesas em tempos mais recentes. Segundo a investigação dos autores, ambas as versões têm valor verídico e não são contraditórias. O fato de a primeira proposta ser considerada depreciativa e a segunda prestigiante exibe o preconceito em relação à miscigenação chinesa, presente inclusive no discurso de seus descendentes, sendo alterado só a partir das últimas três décadas do século XX. O filho que provém de um contexto matrimonial marcado pela interculturalidade tinha até a década de 1960 um certo privilégio ligado a uma maior identificação com a identidade européia.

A partir da década de 1970, passou a haver uma convergência de possibilidades sociais de origens étnicas distintas, ocorrendo uma revalorização das técnicas de comunicação interétnica. O olhar intérprete formatou uma das bases estratégicas possíveis para a nova constituição do território. Os projetos identitários do macaense desenvolveram-se nesse questionamento constante de identidade, flutuando sobre diferenças e aproximações.

Uma das contribuições de Bhabha (1998, p.79) para a revisão dos estudos coloniais está em identificar o problema da identidade como um questionamento persistente do espaço da representação, onde a imagem é sempre confrontada por sua diferença. No nosso ponto de vista, a construção da identidade no espaço da escrita faz o destino macaense escapar à determinação exclusiva e simbólica do mito. Em vez disso, ela parece abrir-se à possibilidade infinita da construção sígnica, espaço que, como o próprio Eduardo Lourenço (1994) afirma, é intermédio entre o símbolo e o enigma. Nesse espaço, os macaenses buscam construir permanentemente a memória do imaginário do universo macaense, interrogando-se ante o multiculturalismo.

O macaense: fronteiras e memória

A construção da identidade no espaço da escrita implica a demarcação de limites de identificação. As vertentes hipotéticas das origens dos macaenses configuram níveis discursivos distintos, evocados no oceano de seus referenciais familiares, coletivos e sociais, conforme uma série de necessidades pragmáticas que se foram alterando no decorrer do século XX. Por meio de entrevistas exploratórias, Cunha (1998, p.29) identificou três níveis discursivos de demarcação identitária – "portugalidade", "interculturalidade" e "naturalidade". Segundo a pesquisadora, esses níveis podem se encontrar lado a lado apesar de corresponderem a diferentes momentos da história de Macau. Durante sua pesquisa, Cunha percebeu que os entrevistados cruzavam constantemente a primeira pessoa do singular com a primeira pessoa do plural e a terceira pessoa do plural. O "nós"

160   Oriente, engenho e arte

tanto podia ser o *nós, macaenses* como o *nós, portugueses*; e o "eles" tanto podia ser o *eles, chineses* como o *eles, portugueses*. Para a pesquisadora, "este jogo é exemplarmente revelador da forma como o discurso sobre a identidade pessoal pode confundir-se com o discurso sobre o colectivo, no qual se estabelecem demarcações ('Eles') e cumplicidades ('Nós')" (ibidem, p.17).

As margens de cumplicidades e de demarcações correspondem ao espaço particular de construção da identidade macaense. O espaço literário, que se abre ao fluxo enigmático dessas demarcações e cumplicidades, detém e mobiliza imagens que exteriorizam uma interlocação toda própria da cultura macaense.

Henrique de Senna Fernandes – guardião da memória

Como uma espécie de guardião cultural, o macaense Henrique de Senna Fernandes[8] oferece um rastro literário cheio de cumplicidades e de demarcações para a preservação e identificação da cultura macaense. Em entrevista ao *Jornal do Brasil*, em dezembro de 1999, o escritor falou dos seus temores e esperanças em relação ao futuro de Macau, expondo as intenções do seu trabalho literário.

Escrevo sobre a nossa mentalidade, nossas tradições e costumes, que são diferentes daqueles dos portugueses europeus ou dos chineses com quem vivemos lado a lado. Era preciso ter duas, três cabeças para

---

8 "Henrique Rodrigues de Senna Fernandes nasceu em Macau no ano de 1923 e licenciou-se em Direito na Universidade de Coimbra em 1952. Regressado a Macau dois anos mais tarde, exerce advocacia desde então. Foi professor do ensino primário e secundário, director do Centro de Informação e Turismo e bibliotecário da Biblioteca Nacional de Macau e da Biblioteca Sir Robert Ho Tung. Foi presidente da Associação dos Advogados de Macau e membro do Conselho Legislativo do Território" (Santos & Neves, 1996, p.1437).

Identidade e memória no espaço literário de língua portuguesa em Macau   161

guardar todas as histórias de Macau. Este encontro entre várias etnias – e do equilíbrio a que se conseguiu chegar entre elas – produz histórias fabulosas, soluções de vida absolutamente originais, muito belas e muito trágicas também.

Na sua "luta guerreira" para estabelecer as fronteiras de identificação de Macau e dos macaenses, Senna Fernandes organiza fios da tradição popular, descreve a cidade, caracteriza processos das relações interculturais, estabelece aproximações e distanciamentos da comunidade macaense com as comunidades chinesa e portuguesa. Já em 1954, em trabalho apresentado no Centro de Estudos Ultramarinos, Senna Fernandes evocava a importância de se mostrarem algumas das particularidades de Macau e da sua comunidade.

> Mas quando se evoca Macau, não se tem em mente as meigas paisagens dos seus miradouros, o esplendor dos seus crepúsculos, o sortilégio das suas noites luarendas. O que se foca é o seu exotismo...
>
> Mas Macau não é só isto. Macau é mais alguma coisa que escapa aos olhos dos menos atentos, alguma coisa que se encontra escondida atrás das roupagens do seu exotismo (...) (p.21)

O desejo de reconhecimento dessa população portuguesa "outra nascida propriamente em Macau" leva o escritor a buscar uma experiência literária além daquelas ressonâncias dos códigos de uma literatura colonial que tendeu a focalizar antagonicamente o chinês e o português. Nesse sentido, o autor realiza um deslizamento subversivo das estruturas literárias que situavam os macaenses como personagens secundários, como observamos em Inso (1996) no início deste trabalho. Senna Fernandes molda um discurso em que os macaenses passam a se localizar no núcleo da ação discursiva. O escritor procura realizar uma intervenção que traga visibilidade ao macaense, em seus

162 Oriente, engenho e arte

processos de interculturalidade, tornando-o nuclearmente presente nos processos de significação que a literatura encerra.

A nossa literatura colonial, não sendo muito pródiga em assuntos macaenses, nunca ou só perfunctoriamente se refere a ele. Nos romances, vemos sempre de um lado o metropolitano, de outro o chinês. O macaense não aparece, como se alguma vez pudesse falar-se ou descrever-se Macau sem que ele entrasse em jogo. Mas mesmo assim, o romance não dá um quadro justo. O metropolitano surge eternamente um homem desiludido, roído de saudades que vai esquecer as suas mágoas de exilado nos braços da *pi-pa-chai*, a cantadeira de olhos oblíquos, de pele finíssima, meiga e resignada, que se entrega humilde à dor do europeu deslocado do seu meio. Creio que todo o nosso romance colonial enferma deste defeito. O colono saído da sua terra natal, tristonho, rasgando a gleba sob um sol escaldante, em plagas adustas, mordido de febres, tangendo o eterno bandolim da saudade. Como se no Ultramar ele não pudesse viver rijo e são, alegre e feliz, revendo na sua obra todo o seu esforço criador. Se é verdade que a saudade é uma constante do psiquismo português, nem por isso o colono deixa de contrapor a ela o amor à terra onde assentou arraiais, onde casou e fecundou mulher, onde os seus filhos nasceram, terra onde verteu o seu suor, a sua angústia, as suas incertezas, mas onde também colheu os louros da vitória, o rendimento compensador dos seus sacrifícios. (Senna Fernandes, 1954, p.23)

Contos – *Nan Van* e *Mong-Há*

O escritor irá rearticular a memória do território em torno de um novo universo. Para ele, uma ação discursiva sobre a cultura de Macau deveria implicar o reconhecimento dos hibridismos que se configuraram na derivação da cultura portuguesa. Senna Fernandes procura destacar esse "novo tipo" que possui uma cultura própria, é produto da interculturalidade e funde-se no "destino português". Em *Nan Van. Contos de Macau*, reeditado pelo Instituto Cultural de Macau (1997), a trilha de reconhecimentos que o escritor mapeou aparece fixada na enunciação discursiva, por meio de imagens que exibem as articulações de várias modalidades interculturais remetendo Macau para uma espécie de interlocação cultural.

No conto "A-Chan, a tancareira", o relacionamento entre uma tancareira e um marinheiro português caracteriza diferentes universos e circunstâncias de vida, mostrando dois caminhos atravessados por contingências próprias de suas culturas distintas. O destino de A-Chan, traçado nas linhas do conto, é ancorado no estado servil e discriminatório do espaço periférico que os *tan ka* (população que vive na região costeira) ocupavam. Na infância, A-Chan foi deslocada do interior da península para a região costeira. Esse deslocamento viabilizou uma nova condição de vida, porque, na organização da sociedade chinesa, a esses espaços são atribuídas diferentes características.

A relação da China com a água implica uma dupla periferia que se estende da costa a terra. A zona "onde a terra acaba e o mar começa", no sul da China, forma um espaço não comensurável e móvel de embarcações, caracterizando um espaço ambíguo entre a terra e o mar. Na China imperial, a população que habitava esse espaço, designada *tan ka*, era considerada "bárbara", "baixa" ou "desprezível"; não se enquadrava nas quatro classes (letrados, agricultores, artesãos e comerciantes) da estrutura social tradicional; não tinha nem mesmo o direito de habitar a terra até, pelo menos, meados do século XVIII. A discriminação em relação aos *tan ka* se devia ao fato de a sociedade tradicional chinesa fixar um alto grau de importância ao valor da terra, valor da imobilidade, principalmente, no que se refere à condição da mulher, dentro da organização familiar. Os *tan ka* rompem esses valores na medida em que constituíam elementos móveis e que, por se situarem na periferia, poderiam atuar de modo ambivalente, escapando de um controle mais acirrado dos poderes políticos e/ou servindo como meio de propaganda de oposição política. Mesmo depois de instaurada a República, a discriminação dos *tan ka* continuou devido a essa situação de difícil controle por parte do Estado. A situação da mulher também era diferente em relação à tradição mantida por outras categorias sociais por causa das condições próprias da vida dos *tan ka*. As mulheres eram economicamente ativas; não alteravam o tamanho dos seus pés, costume que prevaleceu até o início do século XX; tinham contato com estrangeiros e uma maior liberdade, inclusive sexual. Os *tan ka* eram, na perspectiva chinesa, "periféricos de dentro", enquanto os estrangeiros (portugueses) eram vistos como "periféricos de fora". Por isso, Macau se situava em uma espécie de dupla periferia.[9] Uma grande parte dos macaenses, portanto, tinha o seu destino vinculado a essas margens, o qual, no decorrer do século XX, mudou de condição desprestigiada para uma condição "especial".

Consciente dessa possibilidade de um destino mais autônomo, A-Chan, "embora não amasse o rio e a Velha, preferia-os à casa aristocrática, onde a escravidão fora mais penosa". O destino de A-Chan se cruza com o de Manuel, espelho de um outro modo de vida ligado à água, o modo da periferia de fora.

A aproximação entre A-Chan e Manuel conjuga significados próprios de zonas marítimas diferentes, abarcando receios e motivações particulares. A perspectiva que se insere por intermédio dos personagens aponta para certas visões preconceituosas, receios e medos que tendem a se alterar à medida que a fluidez de seus encontros começa a gerar cumplicidades.

---

9 Palestra de Pina Cabral "Os mares da China", em março de 1999. Ver Amaro (1987, p.64-9).

Identidade e memória no espaço literário de língua portuguesa em Macau 165

A união de A-Chan e Manuel, em meio a Guerra do Pacífico, corre em sentido contrário à determinação fatalista que a guerra provoca, projetando no *tan ká* um espaço de salvação e tranqüilidade e produzindo uma nova vida, filha de ambos. Por sua vez, a guerra impõe dificuldades, assinaladas na ausência de Manuel para a recuperação de seus ferimentos. Inscrita na ponte entre a periferia de fora e a periferia de dentro, a filha de ambos, Mei Lai, cria uma intermediação entre os seus mundos diferentes. Como conseqüência da busca de maior estabilidade e segurança para Mei Lai, A-Chan e Manuel passam a se fixar na terra, espaço que, de certo modo, é estranho para ambos. Embora a filha lhes trouxesse felicidade, evidenciava um incógnito futuro, pois qual seria o destino desse ser, traçado em meio a linhas que representam caminhos tão diferentes?

A filha de A-Chan e Manuel não é criada nem pelo pai nem pela mãe, mas pela irmã de Manuel. Ela tem o seu destino fora da geografia macaense, sendo educada em Portugal; escapa de ser integrada marginalmente na sociedade macaense para ser integrada no espaço origem da periferia de fora. A menina que "era tão bonita e se parecia tanto com o marinheiro de olhos azuis" é levada, pelo *tan ká*, até a lancha que a conduz para longe do universo da mãe, na perspectiva de um futuro melhor. O conto, além de ser emblemático da difícil situação de vida das tancareiras, refere a grande importância que o "capital da portugalidade" podia exercer sobre aqueles que pertenciam a um contexto étnico de produção intercultural, principalmente durante os difíceis períodos de estagnação socioeconômica do chamado "período colonial".

As preocupações de Manuel em relação ao futuro da filha evidenciam também a forma marginal como os frutos de relações não matrimoniais eram integrados na sociedade e os aspectos da vivência de uma ligação diferenciada entre dois grupos étnicos diferentes.

166   Oriente, engenho e arte

Além disso, Mei Lai é personagem que tem traçado o seu futuro fora das margens do projeto étnico macaense.

Na construção de um entrelugar que engendra o desejo de reconhecimento, aparecem também simulações identitárias que ultrapassam as fronteiras de um projeto étnico singular. Um conjunto de trajetos interculturais cruza a sua obra, ultrapassando o domínio geográfico fronteiriço de Macau, definindo imagens identitárias que configuram Macau como um espaço além. Esse corpo do imaginário de Macau fende a visibilidade referencial do macaense que aparece nas conceituações produzidas pela historiografia sociológica e pela antropologia. As representações de relacionamentos afetivos se entrelaçam nas referências espaciais de Macau, ampliando a significação da sua locação cultural. Nesse sentido, nos textos de Senna Fernandes, Macau aparece regida por um fluxo expansivo de memórias vivenciais.

Na criação dos fios da memória, o encontro dos dois personagens do conto "Candy", que acontece na duração de um passeio por Hong Kong, coloca Macau no espaço de suas recordações. O escritor localiza os seus personagens no espaço intervalar de um encontro, que acontece quando um deles, tendo saído de Macau, chega a Hong Kong pela manhã e tem de esperar até a noite para embarcar para o Brasil. Nesse intervalo, o personagem anônimo, que tinha regressado a Macau depois de 24 anos e que, no tempo presente da narrativa, década de 1970, é um alto funcionário de uma companhia de aviação, no Brasil, encontra-se, na ponte cais dos *ferries*, com Candy, atualmente casada com "um inglês que pertencia à nata da sociedade da Colônia Britânica". Pelas conversas que põem à deriva suas lembranças, a vida de ambos é revista. Candy "era uma pobre refugiada de guerra que se acoitara em Macau vinda de Hong Kong ocupada". Tiveram uma relação "sem comprometimento" porque ele não tinha uma condição econômica privilegiada e ela desejava casar-se com um homem rico. Ela quis se ligar a um homem rico, namorando um filipino. Na recuperação dos sentidos de seu destino, Candy procura esclarecer a sua situação.

Depois de uma noite violenta e de desentendimentos, os dois seguem destinos separados, que são apresentados na sua interlocução. Em seus diálogos, a relação pessoal confunde-se com o contexto social. Os esclarecimentos erradicam equívocos, preenchem lacunas e recriam cumplicidades, dispersando os antigos ressentimentos.

Aproximados afetivamente no labiríntico percurso de Hong Kong, Candy decide revelar-lhe um segredo: na última noite em que estiveram juntos havia engravidado, e, para ocultar a sua "vergonha", partira para Cantão, entregando a sua filha a um casal de chineses desconhecidos. Ambos tinham uma filha cujo destino era desconhecido. Em "Candy", assim como em "A-Chan, a tancareira", o destino das filhas se situa fora da geografia macaense. Em "A-Chan, a tancareira", a filha da chinesa e do marinheiro educa-se na cultura portuguesa, enquanto, em "Candy", a filha dos macaenses cresce como chinesa. Nas representações de Senna Fernandes, os destinos fogem a uma expressão previsível no contexto de um projeto étnico uniforme. Em "Candy", o homem anônimo é um personagem expresso em um movimento de rememoração, no qual recortes de sua identidade são justapostos à paisagem. Ao avaliar sua estada, percebe que Macau não era a mesma, apesar de se manter idêntica em alguns aspectos, e seus "olhos vinham ainda cheios de paisagens natais" quando se encontra com Candy. Satisfizera a sua fome da cidade e "tinha posto em dia a escrita com Macau", mas, no choque do encontro com o passado, abre-se o espaço oculto que redimensiona a vida, alterando sua vivência daquele mundo.

No espaço ficcional engendrado por Senna Fernandes, modos de vida da comunidade são dispostos em imagens que somam formas identitárias – pessoal, étnica, cultural, nacional – com referências urbanas. Nos destinos macaenses que o escritor agrega em seus

168   Oriente, engenho e arte

textos, a construção da identidade de seus personagens envolve também a identificação de espaços próprios dentro do território. A identificação desses espaços é uma das razões principais da sua atividade estética e "guerreira". O próprio título do livro reflete a busca de uma articulação das cenas desse espaço com a sua experiência.

> NAN VAN é o nome chinês da Praia Grande. O largo areal de antanho, de curva graciosa, transformou-se, no deslizar dos séculos, em artéria elegante, centro nevrálgico da vida administrativa e social de Macau e zona residencial preferida pela população. Hoje, com as obras na baía, passou a avenida interior, longe do mar.
>
> Nasci nas suas proximidades e grande parte da minha infância decorreu à sombra das suas árvores centenárias de ramagem restolhante. Vivo hoje mesmo à esquina, numa moradia onde fiz a minha casa e o meu lar. Em certas noites de silêncio e de mistério, ouço o rumorejar das águas, batendo nos granitos da muralha, trazendo com a brisa os mais estranhos odores tropicais.
>
> A Praia Grande, com a paisagem antiga dos seus juncos e a odisséia dos seus lorcheiros heróicos e aventureiros, inspirou-me os primeiros escritos e embalou-me os solhos incipientes de escritor. A Praia Grande alimentou o fundo da minha sensibilidade e imaginação, com a nostalgia dos seus crepúsculos e a tristeza das suas neblinas de Inverno. (Sena Fernandes, 1997 p.5-6)

A cidade motiva o escritor, demandando a recuperação de significados que são postos à prova no transcorrer do século XX, período em que Macau passou por uma série de transformações radicais e no qual as suas características arquitetônicas tradicionais, isto é, referentes à sociedade colonial, foram "se dissolvendo no ar". Com o término da Guerra do Pacífico, muitas das famílias tradicionais de Macau emigraram, dando prosseguimento ao fenômeno que ficou conhecido como "diáspora macaense".

Identidade e memória no espaço literário de língua portuguesa em Macau   169

A fragilidade do projeto étnico macaense da qual Cabral & Lourenço (1993) nos falam, isto é, o fato de a comunidade possuir os direitos de cidadania, mas não o de soberania, motivou os macaenses a procurarem meios de garantir uma determinada estrutura de vida fora de Macau. Aqueles que possuíam recursos começaram a transferir seus capitais para fora de Macau e, nos momentos de crise, puderam emigrar com alguma segurança. Nesse sentido, a comunidade tradicional organizou seus interesses em torno da família e de relações sociais próximas. A partir do momento em que a socialização da comunidade que permaneceu no território foi pendendo em direção à cultura chinesa e que a legitimidade da administração portuguesa passou a vigorar de maneira mais enfática por conta do processo de transferência de governo, a cultura crioula foi tendendo ao desaparecimento. Nesse contexto, as atividades que promovem as reuniões das comunidades espalhadas pelo mundo buscam manter a memória de Macau viva. Segundo Cabral & Lourenço (1993, p.232), as reuniões que aconteceram em Macau foram, inclusive, responsáveis pelo retorno, na década de 1980, de macaenses que estavam em Portugal e no estrangeiro: "Chamados a Macau por pessoas às quais estavam ligados por laços familiares ou de amizade, eles estruturaram o sentido político da sua presença através do reavivamento destas velhas amizades".

A integração das relações sociais em volta das famílias tradicionais de Macau continua a ter importância na rede de funcionamento da gestão cultural de Macau. Os encontros e reencontros da comunidade promovem a afirmação da busca de raízes e de orientações em torno de suas identidades. Senna Fernandes nos oferece o compromisso de uma concreta articulação entre a construção textual e o mapeamento afetivo de relações que envolvem Macau, evidenciando, na matéria de suas estórias, várias condições de existência da comunidade. Se em *Nan Van* o espaço remete o escritor a suas recordações de infância, motivando-o a esculpir, por meio de palavras, as formas que representam modos particulares de destinos dos macaenses; em *Mong-Há* (1998), as recordações proliferam a partir de um encontro de amigos que aconteceu na pousada de mesmo nome.

O encontro, fio condutor do projeto literário do escritor, desdobra-se em cenas de um encontro com um amigo que vive distante, de vasculhas de um caixote antigo ou de conversas em uma mesa de café, criando uma interseção de perspectivas na qual um "eu" se lança em direção ao passado, reconstruindo fragmentos de vivências que reconstroem a memória da cidade. No conto "Um milagre de Natal", esse "eu" percorre Lisboa e encontra-se com um antigo amigo, recuperando nostalgicamente um relato que transcorre em meio a recordações dos costumes natalinos de Macau. A memória percorre a esfera sígnica íntima e conjugal de seus pais, inscrita na rede de convenções sociais de Macau de meados do século XX. O eu, que rememora o encontro, transcreve as memórias de Alberto, cruzando-as com suas próprias recordações, e, nesse cruzamento, nos destinos que se evidenciam, os eixos familiares de Alberto são reconstruídos. Alice, sua mãe, teve seus estudos no Colégio de Sta. Rosa de Lima interrompidos por conta da morte prematura dos pais. Com o casamento do irmão, passou a ter um convívio difícil com ele e com a cunhada, almejando um casamento para si que "lhe oferecesse um melhor nível de vida, uma maneira de escapulir-se à mediocridade de sua existência, para além das balizas em que fora criada e a cercavam" (Sena Fernandes, 1998, p.14). Conheceu um oficial da Marinha chamado Luís, com quem passou a namorar e engravidou. Luís se ausenta de Macau por causa do serviço, deixando-lhe algum dinheiro e uma carta. A partir daí, Alice passa a percorrer o difícil caminho de tentar conseguir o seu próprio sustento em uma pequena comunidade que tende a discriminar os que infringem as suas condutas morais. Ela e "a crioula da casa que ali vivia antes dela nascer" foram morar em um casebre no bairro do Tap-Seac. Cria o seu filho com dificuldade. Na escola, Alberto é chamado de "trás-da-porta", o que o instiga a interrogar a mãe sobre o seu pai. "Tudo era confuso no seu cérebro infantil", porque Alberto tem uma infância diferente dos seus colegas de Liceu.

A distância entre o mundo de Alberto e o das outras crianças fica mais evidente quando este fica amigo de Rudolfo, menino que pertence a uma condição social privilegiada. A narrativa passa a misturar os pontos de vista de Alberto adulto e do personagem que ouve a sua estória com o de Alberto criança, exibindo, então, o processo de seu crescimento e amadurecimento em um cruzamento de perspectivas múltiplas. A criança não consegue entender por que o Menino Jesus não lhe dá o presente sonhado – uma bicicleta igual à de Rudolfo – e passa a pensar que o Menino Jesus "só se lembra dos ricos". Depois, como "criança precoce, em demanda duma explicação", chega à conclusão de que ele era "gente riscada da protecção e carinho do Menino Jesus" por ser "um filho *trás-da-porta*". Nesse momento, na ótica do menino, reflete-se a conscientização do estigma – a exclusão de acesso a um bem concreto e/ou simbólico – pelo fato de possuir a marca da diferença. No seu processo de amadurecimento, quando Alberto descobre que "eram prosaicamente os pais" que traziam os presentes de Natal, surge-lhe a revelação das condições difíceis da vida de sua mãe. Fazendo a transferência da causa do seu desprivilégio de uma ordem sobrenatural para uma ordem social e moral, Alberto amadurece a sua relação com o mundo e se reconcilia, no nível transcendental, com o Menino Jesus, já que tira dele a responsabilidade da sua situação desprivilegiada. O "milagre de Natal" que, na ótica do menino decorre da sua sincera oração pela mãe e que acarreta na volta do pai, altera os rumos de sua integração na comunidade, rompendo a dinâmica de discriminação e diferenciação em que está inserido.

172 Oriente, engenho e arte

Estão presentes nos textos de Senna Fernandes as tramas e os jogos de oposições entre as chamadas famílias tradicionais e as famílias que se constituem fora dos códigos morais ditados pelas primeiras. A dinâmica de diferenciação entre diferentes grupos da sociedade macaense, chamada por Cabral & Lourenço (1993) de "dinâmica do desprezo", envolve uma série de limites, inclusive espaciais, como praias próprias, clubes e teatros, correspondendo à transferência do estigma de humilhação para limites particulares dentro do espaço social. A escola, um dos núcleos fundamentais de integração entre a reprodução social e a reprodução humana, participa ativamente na definição dos contornos de interação e/ou exclusão dos indivíduos da sociedade. A conscientização da situação social e dos limites sociais devidos à (não) constituição familiar de Alberto passa pelas relações primárias desenvolvidas na escola.

Em Macau, o Liceu ocupou um lugar de destaque, especialmente, até o período da Revolução Cultural. Tanto as práticas discriminatórias exercidas externamente pela administração colonial em relação à sociedade macaense quanto as práticas internas exercidas na própria sociedade influenciaram as estratégias educacionais e se cruzaram no espaço que o Liceu ocupou como instituição formadora dos macaenses que desejavam ter acesso ao capital de portugalidade. Estudar no Liceu era por si um fator diferenciador dentro da comunidade.

Em "Chá com essência e cereja", outro conto do livro *Nan Van*, acompanhamos as trajetórias do narrador e de seu amigo Maurício, que viviam "em esferas diferentes". Maurício "nascera metropolitano tropa e duma *banbina* que, no dialecto macaense, significa uma enjeitada ou órfã abandonada e recolhida pela Casa de Beneficência das Canosianas" (Senna Fernandes, 1997, p.47). Os dois ficam amigos, no primário, mas as suas diferentes origens levam-nos por caminhos diversos, pois, como diz o narrador, "ultrapassada a barreira da Primária, eu fui para o Liceu, ele para a Escola Comercial. Deste modo, deixamos de ser inseparáveis". A amizade é mantida, mas seus caminhos estão delimitados nessas esferas diferentes. O narrador afirma, logo a seguir: "Quando lhe dizia que sonhava prosseguir os meus estudos na Metrópole, ele não me invejava" (ibidem, p.50). Maurício é um personagem inscrito em uma trajetória fora das convenções da tradição comunitária, ciente das suas limitações sociais, que aproveita as oportunidades marginais do período da guerra em busca de enriquecimento e da afirmação de uma posição social.

Se o Liceu é um dos elementos diferenciadores das trajetórias do narrador de "Chá com essência de cereja" e do personagem Maurício, em "Ódio velho não dorme", conto que integra o livro *Mong-Há*, o narrador focaliza perspectivas diferenciadoras dentro do próprio Liceu, que se evidenciam com o aparecimento de um novo aluno, "chegado fresquinho de Portugal". Esse novo aluno "consciente da importância do pai, apresentou-se no Liceu arrogante, uma estampa de jovem atleta, olhando com indisfarçada superioridade para os seus novos colegas, como se tratassem de 'indígenas'" (Senna Fernandes, 1998, p.181).

Na perspectiva colonial, o direito à cidadania não era decorrência da naturalidade, mas sim da origem e/ou da paternidade, portanto havia uma diferença legal e substancial entre um europeu e um indígena. Nos limites da organização administrativa colonial, em Macau, os cargos fundamentais eram ocupados por aqueles que vinham de Portugal e os que tinham direito à cidadania, em razão de sua origem e/ou paternidade, ocupavam "naturalmente" as posições intermediárias da administração. Nesse contexto, as estratégias matrimoniais estão estreitamente ligadas aos vetores que formam o projeto étnico macaense, no sentido de buscar a formação de um destino comum com algum privilégio dentro dos serviços da administração local. Cabral & Lourenço (1993, p.77) ainda nos mostram que havia

174 Oriente, engenho e arte

uma série de leis discriminatórias na administração colonial, como a que exigia "que os oficiais se casassem com uma portuguesa originária, nunca tendo perdido a nacionalidade", por exemplo. No entanto, as relações humanas estão sempre a superar os limites impostos por modelos coercitivos que tendem a restringir o espaço na forma de ligações pessoais, principalmente, em contextos multiculturais.

Romances – *Amor e dedinhos de pés* e *A trança feiticeira*

O "contar estórias" de Senna Fernandes passa por essas fendas da idealização de um matrimônio de acordo com a perspectiva das "famílias tradicionais" e, principalmente, por uma identificação da cultura macaense crioula. A construção de uma expressão das particularidades dessa "sociedade tradicional", entre seus confrontos e suas solidariedades, caracteriza o enfoque principal das suas duas maiores obras – *Amor e dedinhos de pés* (1986) e *A trança feiticeira* (1993). Ambas as obras já foram adaptadas para o cinema: a primeira teve direção do português Luís Filipe Rocha, e a segunda, do chinês Cai Yuan-Yuan.

O escritor estrutura *Amor e dedinhos de pés* em quatro partes mais um pequeno texto inicial e outro final. Nesses pequenos textos que abrem e fecham o livro, Senna Fernandes procura dar sentido a sua produção textual. Mostra que o livro constitui a "crônica duma velha história de Macau" na forma como o escritor a reformulou e a recriou. Primeiro, começou a escrevê-la em forma de conto e, depois, foi acrescentando ao núcleo principal "outras histórias que também estariam irremissivelmente condenadas ao esquecimento". O escritor organiza sua narrativa, então, em meio a um recontar e acrescentar, em um processo tipo caixas chinesas, ou seja, colocando várias narrativas dentro de uma narrativa.

Identidade e memória no espaço literário de língua portuguesa em Macau   175

A primeira parte começa com uma cena na qual o personagem Chico-Pé-Fêde, alcunha de Francisco da Mota Frontaria, caminha com muita dificuldade até a loja que lhe vende canja a um preço acessível. A alcunha correspondia "ao estado deplorável de seus pés" causada por uma doença crônica para a qual nenhum remédio trazia alívio. Em um movimento de retrospectiva, o narrador delineia a genealogia desse personagem que "provinha diretamente dos Frontarias lorcheiros", seu convívio com a tia Beatriz, Títi Bita, depois de perder a mãe e ter o pai assassinado, os atos inconseqüentes e as falhadas tentativas de emprego, o juramento que faz a esta de que "seria um homem de bem e que havia de dar um outro rumo à vida", no momento da morte dela. Depois, segue-se o "esbanjamento" do dinheiro que a tia lhe deixa de herança, por conta de inúmeras "proezas" que faz pela "cidade cristã", até o total declínio de sua condição, com a respectiva mudança para uma condição de vida miserável, no bairro chinês, e o retorno ainda mais miserável para a cidade cristã, até se encontrar finalmente no momento em que caminha até a loja que lhe vende a sopa. Nessa primeira parte, o escritor constrói o imaginário que organiza a vida social da cidade, contrapondo a vida "endiabrada" de Francisco aos costumes morais da comunidade, mostrando valores particulares do cotidiano de uma Macau dividida em cidade cristã e cidade chinesa.

Muitas aventuras amorosas, duelos maliciosos de carnaval e apostas ousadas entre amigos caracterizam a "leviandade" de Chico, atravessando o mapa cristão e confundindo-se nas velhas tradições de Macau.

No seu período de declínio, Chico vai viver na cidade chinesa, juntando-se a uma mulher chinesa "dominadora" que se apossou dos parcos haveres e do salário dele. Reduzido a um homem "sujo, barba de dias, fato engelhado, unhas negras e sapatos cambados", passando noites acordado, "entontecido pelos odores dos dois cor-

176 Oriente, engenho e arte

pos e do esterco do chão, com a chiada das ratazanas a acompanhar". Chico passa a despertar a sua consciência depois do encontro com uma mulher que, por sua causa, havia recebido o apelido de Varapau-de-Osso. Nesse momento, a seqüência da narrativa é novamente interrompida em um movimento que recupera o passado da família de Victorina, o seu processo de crescimento e amadurecimento e a tumultuada trajetória de seu pai, compondo a segunda parte do livro.

Nessa segunda parte, o destino do pai de Victorina retrata as mazelas de um casamento forçado e de sua conseqüente fuga para Xangai. Em um penoso caminho, Victorina vai amadurecer a sua relação com o mundo e ter domínio sobre o meio colonial e mesquinho em que está inserida.

Nesse livro, Senna Fernandes reconstrói o universo pequeno da cidade colonial, com os seus rígidos limites e o controle exercido pelo falatório de um meio pequeno. Victorina, personagem estigmatizada porque zarolha e magra, que recebe a alcunha de Varapau-de-Osso em um "assalto de carnaval", encontra na educação as armas para lidar com um futuro incerto devido a um improvável casamento. A construção da personalidade de Victorina passa por uma preocupação do pai em lhe dar condições de não ser como as tias ou como a mãe, por uma certa independência que o emprego lhe pode proporcionar, por um processo de reconhecimento dos problemas de seu pai, que motiva uma reconciliação por meio de cartas trocadas e, finalmente, pela viagem até Xangai onde tem contato com um universo mais amplo e cosmopolita.

Tão diferentes entre si, os dois personagens, Victorina e Chico, unem-se como personagens marginais à comunidade. A afinidade desses personagens com características de vida de fora do quadro convencional da comunidade gera, primeiramente, uma relação de antagonismo com a cidade cristã. No entanto, na quarta parte do livro, os personagens são recolocados na vida cotidiana de Macau a partir de diferentes posições que assumem, em um processo de reabilitação dos códigos da sociedade. Com o casamento, ficam definitivamente religados à comunidade, transformando a relação de antagonismo com a cidade em uma relação de complementaridade. Os destinos dos personagens estão ligados aos esquemas de diferenciação e discriminação internos da comunidade, pelos quais as famílias tradicionais estabelecem seu modo de viver.

Da mesma forma, a união de Adozinho com A-Leng, em *A trança feiticeira* (1993), também esbarra nas demarcações que a comunidade produz.

O caminho dos dois personagens aparece traçado nos limites de interação de dois grupos que estabelecem suas próprias regras de convivência na Macau dos anos 30. O livro é dividido em duas partes e também contém um texto inicial e outro final. A condição de vida de cada um deles é apresentada logo nos primeiros capítulos do livro, evidenciando as suas disparidades. Adozinho, filho único de uma família abastada do bairro de Santo Antônio, vivia numa "vivenda nova e larga, na Estrada da Victória". A-Leng era aguadeira pobre em Cheok Chai Un, um bairro típico chinês de má fama na cidade cristã. O encontro dos dois acontece casualmente, quando Adozinho decide encurtar o seu caminho até a Praia Grande, aonde vai se encontrar com amigos para pescar, passando por dentro da zona de Cheok Chai Un. Ao reparar na aguadeira, esta o evita, aproveitando para derrubar um pouco de água em cima dele, promovendo a risada geral das mulheres que tratavam todos os "*kuai-lous*, como chamava a todos os portugueses, não distinguindo os filhos da terra e os que vinham de fora", com desconfiança. O rompimento das regras próprias de seus meios sociais acarreta na exclusão de ambos dos seus respectivos ambientes. Por duas vezes, A-Leng tem de enfrentar os moradores de Cheok Chai Un em defesa de Adozinho,

178 Oriente, engenho e arte

sendo expulsa do bairro. Quando ela procura abrigo na casa de Adozinho e a família dele a impede de entrar em casa, ele, impulsivamente, toma a decisão de ficar ao lado dela, sendo obrigado a deixar a casa. A difícil caminhada de Adozinho passa ainda pela recusa da ajuda do seu melhor amigo, Florêncio, dirigindo-se a um futuro incerto no qual outras solidariedades têm de ser ativadas.

Na segunda parte do livro, cruzam-se as esferas íntima e conjugal da nova vida de A-Leng e Adozinho com regras sociais da comunidade. Em um primeiro momento, o cotidiano no "bairro china" e a limitação das suas condições sociais surgem como um abismo entre A-Leng e Adozinho. No entanto, ambos reorganizam suas vidas, por intermédio do pequeno círculo de relações sociais em que passam a estar inseridos. A-Leng consegue um emprego na loja de A-Sôi, enquanto Adozinho, por intermédio de Valdemero, antigo amigo da instrução primária, consegue trabalho em uma companhia de navegação chinesa. O casal se separa durante um breve período, e essa separação serve para assegurar os seus sentimentos e amadurecer a vontade de romper as barreiras culturais que os levam a desentendimentos. Na reconciliação, limites são refeitos. A-Leng diz: "– Estamos outra vez juntos. Ensina-me como viver contigo e eu ensinar-te-ei como viver comigo". Juntos, A-Leng e Adozinho enfrentam os seus desafios e conseguem ascender socialmente.

Como em *Amor e dedinhos de pés*, eles são reabilitados em seus respectivos meios originais, e A-Leng volta a ter prestígio em seu bairro bem antes que Adozinho entre os seus familiares. O final anuncia já aquela "sensação [presente no conto "Um milagre de Natal"] de fraternidade e alegria que nos faz acreditar que os homens são menos maus e egoístas do que na realidade se mostram".

A reconciliação do casal com a sociedade implica ainda um entendimento acerca da possibilidade de conciliação entre as diferentes perspectivas que incidem no universo multicultural. Evidencia-se, em

A trança feiticeira, a permuta de códigos entre as culturas portuguesa e chinesa durante o caminho de aprendizagem amorosa dos personagens. À determinada altura, um dos personagens afirma: "A união das suas almas, de formação e cultura tão diferentes, não devia constituir surpresa para ninguém. É Macau...". Nesse sentido, importa a Senna Fernandes pôr em relevo a seqüência de trocas materiais e simbólicas que emergem no processo de entrosamento íntimo do casal. O escritor dá visibilidade à encruzilhada interétnica em que o território se situa, ativando a cadeia de estruturas subjetivas que fundamentam o projeto de Macau como um espaço cultural "especial".

Como em *Amor e dedinhos de pés*, o escritor articula a trama de *A trança feiticeira* dentro de uma moldura constituída por "Primeiras palavras..." e "...Últimas palavras". Nesses comentários, o autor se posiciona como o narrador que enreda a recriação de um passado em zonas de fronteira da memória de testemunhas vivas, somando pontos de vista no despertar de sua própria memória.

> Adozinho era muito mais velho que eu, mas conhecemo-nos justamente por ter sido, durante a Guerra do Pacífico, professor de seu filho segundo na Primária. Costuma aparecer na escola, pai diligente, para me perguntar como andava o pequeno, quanto ao aproveitamento e comportamento. A resposta era sempre a mesma. Ia bem, não havia que recear, quanto à cabulice e à disciplina.
>
> Aproximei-me. A guerra findara, os mares abriam-se livres e eu ia concretizar o sonho na universidade. Congratulou-me efusivamente e desejou-me felicidades. Sentei-me ao lado dele e conversamos. Eu conhecia-lhe a história, por ouvi-la repetida, entre muitas indiscrições de Macau. (Senna Fernandes, 1993, p.179)

Os eixos da ficção e da realidade prendem-se à antiga demarcação da área de Cheok Chai Un, parte da zona que foi denominada pelos chineses "Jardim dos Pássaros". Cheok Chai Un, como *Nan*

Vam, Mong-Há, o Bazar e a cidade cristã, marcos afetivos da construção literária do escritor, correspondem a uma evocação sígnica que as repõe em seu lugar antigo, criando o imaginário de Macau em perspectiva do olhar de seus habitantes. A vivência de afetos que se desenrola nos textos de Senna Fernandes passa pela expressão de diferenças que identificam o macaense dentro de uma cultura própria e, de uma certa forma, estranha em relação aos principais modelos de sua formação – as culturas chinesa e portuguesa.

José dos Santos Ferreira (Adé) – arenas comunitárias e patois

As dinâmicas de comportamento do macaense implicam conflitos de interesses e crises diante de modelos de condutas. Perspectivar a identidade como a expressão de um sentir organizado em torno do "capital de portugalidade" implica perceber a cultura macaense em seus cruzamentos com a esfera política tanto nacional quanto localizada. Do ponto de vista nacional, o Protocolo de 1887 caracterizou o estatuto do território de forma ambígua, jogando para um tempo futuro a resolução da questão da soberania. Os interesses nacionais portugueses corresponderam, desde então, à firmação da autoridade colonial, tendo sido as disposições do Tratado interpretadas pelos juristas portugueses como uma confirmação chinesa da plena soberania em Macau. Por sua vez, as autoridades chinesas interpretaram as disposições do Tratado como a confirmação da soberania chinesa sobre o território.

À medida que as transformações político-sociais na China foram ocorrendo, aumentando a pressão em torno da legitimidade da administração portuguesa, a comunidade macaense que permaneceu no território e se identificava com a cultura portuguesa apoiou, em grande parte, o regime colonialista português, pois a preservação de seu monopólio étnico dependia do estabelecimento da legitimidade de sua presença. A busca de preservação dos privilégios culturais que envolviam os segmentos tradicionais da sociedade fez que o seu projeto étnico se desenvolvesse até mais ou menos a década de 1970 por meio do que Cabral & Lourenço (1993) denominaram como arenas comunitárias – "espaços públicos onde se demarca publicamente perante o exterior a pertença ou exclusão da comunidade". Os clubes, as praias, o teatro, os cafés, as cerimônias religiosas, confrarias e agremiações faziam as fronteiras com outros segmentos da sociedade representados por chineses ou por aqueles que tinham um envolvimento maior com a sua cultura. São essas arenas que Senna Fernandes evidencia em seus romances, ao mesmo tempo em que põe em questão os seus privilégios. Nesse sentido, as *arenas comunitárias* tiveram como base tentar diminuir as "incertezas pessoais" e resguardar esses indivíduos macaenses de perdas simbólicas decorrentes das transformações político-sociais por que passava o território. A ambigüidade do Tratado de 1887 ruía, e o projeto étnico macaense caracterizava a situação denominada por Cabral & Loureiro (1993, p.161-3) incerteza pessoal.

> A condição marginal em que se encontra o indivíduo macaense, por um lado, concede-lhe um maior leque de escolhas identitárias do que seria possível em contextos de menor ambigüidade sociocultural, mas por outro lado essa mesma condição tende a reduzir a legitimidade das suas opções identitárias.
>
> (...)
>
> Se tomarmos em conta a existência de preconceito étnico, tanto por parte dos chineses para com os europeus como vice-versa, apercebemo-nos que esta situação de ambigüidade conduz potencialmente a uma dinâmica de incerteza pessoal.

182 Oriente, engenho e arte

Depois que houve a determinação da transferência da soberania, tomou conta do ambiente, em Macau, o que Mi Bing (1994, p.89-94) chamou de "um nostálgico epílogo em relação às sincréticas matrizes culturais de Macau", assinalando uma fase "pré-pós-colonial".

No nosso ponto de vista, a condição "pré-pós-colonial" teve uma ressonância sobre a importância de os macaenses das gerações declinante e controlante recuperarem histórias da comunidade e de afirmarem suas tradições culturais, porque o sentimento prévio da perda do seu lugar de origem incidiu de maneira contundente sobre a sensação de estranhamento que já incidia sobre a comunidade. No sentido que Bhabha (1998) dá ao termo estranho, mesmo que essa condição "pré-pós-colonial" não acarretasse necessariamente em um processo de deslocamento do indivíduo, ela tornou mais aguda a sua percepção.

Essa nostalgia de um futuro ou pré-futura nostalgia ganhou intensidade, principalmente, na expressão poética de José dos Santos Ferreira (1988) ou simplesmente Adé, como é conhecido pelos macaenses.

FUTURO

Futuro de Macau... Qual?
O dos chineses?
O dos portugueses?
O dos filhos de Portugal
Em Macau nascidos,
Que a Pátria sempre honraram,
Prestes a se verem destituídos
Do solo que tanto amaram?

Futuro de Macau... De quem?
Edificado para quem?

Futuro! Mas que ironia!
Porque a alma já não existe,

Identidade e memória no espaço literário de língua portuguesa em Macau   183

> E se apaga a alegria,
> Tudo acabará triste
> No gélido mar de nostalgia...
>
> Ó futuro austero, sem porte,
> Entregue aos baldões da sorte,
> Futuro de esperança dissolvida,
> Sem luz, sem promessa de vida. (p.125)

Ferreira recolheu os costumes afetivos da vida macaense e construiu um corpo poético preenchido de irradiações da cultura crioula, esforçando-se pela fixação da antiga forma de intercomunicação macaense – o patois de Macau. O patois de Macau que, em Macau, é chamado simplesmente de patoá, ou língua macaísta, ou língua de Macau é o dialeto crioulo que se foi popularizando desde, pelo menos, o século XVII e era usado como linguagem familiar, mesmo pelos segmentos mais tradicionais, pelos chineses na comunicação diária com os macaenses e também pelos escravos africanos e asiáticos levados para o território. O dialeto foi formado por contribuições lingüísticas de várias origens; apresenta semelhanças com outros dialetos, como o crioulo de Guiné-Bissau; recebeu enorme influência da língua chinesa, especificamente do cantonês, durante o século XIX; e tem sido motivo de estudo de antropólogos e filólogos.[10] O patois de Macau que, na obra de Senna Fernandes, aparece em poucas linhas, é cultuado por Ferreira como um tributo maior do seu amor por Macau.

Tentando produzir a autenticidade desse modo lingüístico, Ferreira divulgou o *dóci papiaçám di Macau* ao longo de uma grande

---

10 Sobre o *patois* de Macau, ver Batalha (p.127-48; 1993).

184 Oriente, engenho e arte

jornada cultural,[11] principalmente em récitas, programas radiofônicos e cantigas, buscando traduzir os assuntos simples da vida cotidiana em uma entonação que é o resultado vivo da interpenetração de várias culturas. Dessa forma, integram sua obra poética várias composições de felicitação aos amigos como "Parabém, Cissy!", "Festa di Mána Alda" ou "Titi Andréza"; canções que se apropriam de melodias conhecidas, como "Casa macaísta", recriação de "Casa portuguesa" ou "Mama sa filo", recriação de "Mamãe eu quero a chupeta"; poemas e textos sobre o Natal, a festividade celebrada de maneira mais intensa pelas antigas famílias luso-descendentes, que foram coligidos no quarto volume da sua obra completa, editada pelo Instituto Cultural de Macau; outras celebrações do território, como "Ano-Novo-China", "Ano Velo, Ano Novo", "Macau-Sa Carnaval", "Entrudo na Macau", "Bote Dragam"; pequenos ofícios, como "Paulo, Cabo Ranchéro" ou "A-Loi dos Sorvetes"; rotinas das casas macaenses, como "Cozinhaçám di Macau", "Churadela di Chacha", "Estória de Bita co Apau", "Lenga-Lenga" ou "Vida ta Caro"; além de assuntos diversos que ocupavam as páginas dos jornais de Macau, como "Eleçám na Macau" ou "Arvre di Pataca". A esperança de conjugar cenas de uma forma de viver para a construção da memória das

---

11 José Inocêncio dos Santos Ferreira nasceu em Macau em 1919 e morreu na mesma cidade em 1993. "Escreveu e colaborou em vários periódicos macaenses, nomeadamente *Tio Tareco* (jornal infantil), *Renascimento, Desporto, Educação Física* e *O Clarim*, tendo sido chefe de redacção deste último. Participou na fundação e foi redactor dos jornais *Comunidade* e *Gazeta Macaense* e integrou ainda o corpo redactorial do *Notícias de Macau*, como correspondente, trabalhou para o *Diário de Notícias, Diário do Norte, Diário Popular*, revista *Volante, China Mail*, de Hong Kong, e da agência *Associated Press*" (Santos & Neves, 1996, p.1399). Além da atividade jornalística, foi também um dos fundadores e dirigentes do Hóquei Clube de Macau, Associação de Futebol de Macau e Conselho de Desportos. Em 1979, foi agraciado pelo presidente da República Portuguesa com o grau de Cavaleiro da Ordem do Infante D. Henrique.

Identidade e memória no espaço literário de língua portuguesa em Macau   185

gerações futuras coexiste em tensão permanente com a voracidade do tempo que, ao seu olhar, rege-se aceleradamente devido às determinações políticas. Os poemas "Onde [sic] vais querida", "Devera saiám" e "Macau di nosso coraçám" expressam a angústia ante a transferência da soberania que, sinteticamente, o poema "Adios di Macau" anuncia.

Nesse poema, o poeta evoca a intervenção divina ao mesmo tempo em que reclama a falta de possibilidade de intervenção dos macaenses em um processo que é decidido por poderes extraterritoriais: "Não queremos que vás/ Nem tu própria quererás ir.../ Mas quem somos nós/ Neste mundo de gente poderosa/ O que somos nós/ Neste mar de ondas agrestes?"

Por um lado, a sensibilidade desse macaense para as necessidades de garantir um patrimônio cultural e uma memória da vida crioula impulsionou a criação de um imaginário acerca de Macau que remetia à formação do território a uma "condição especial" híbrida muito destacada no período de transição. Tanto a obra de Adé quanto a de Senna Fernandes contêm uma acumulação de elementos das heranças e tradições do passado de Macau que participam da elaboração de uma continuidade dos sentidos simbólicos da presença dos portugueses e de seus descendentes.

Por outro, seus textos remetem às especificidades de uma cultura em que eram estabelecidos limites discriminatórios bastante acentuados em suas práticas sociais, gerando diversos entraves à coexistência harmoniosa dos indivíduos dentro do próprio grupo e também à coexistência pacífica entre a comunidade representativa do sistema colonial e a chinesa. Depois que o governo comunista implantou os seus alicerces políticos, ficou temporariamente mantida a situação das administrações estrangeiras, mas, aos poucos, esse governo ia oferecendo apoio às comunidades chinesas dos territórios ocupados por estrangeiros em sua luta pelos direitos de cidadania. Em

Macau, o chamado Incidente Um Dois Três (1966) representou o fim de um sistema de privilégios que era concedido como fundamento natural da administração colonial. Macau entrava em uma fase na qual as forças político-sociais internas passavam por mudanças radicais, com toda uma revisão da compreensão sobre o desenvolvimento cultural do território para fortalecer a sua condição de região autônoma, trazendo outras implicações para a literatura.

Para concluir – transição e pós-colonialismo

Depois da intensa fricção étnica que ocorreu entre as décadas de 1950 e 1970, dá-se, em Macau, uma ascensão da expressão dos valores culturais chineses na sociedade lusófona. As estratégias de maximização do capital de portugalidade, que estavam associadas ao contexto matrimonial de reprodução, também vão deixando de funcionar por conta da tendência que se manifesta, durante os anos 80, de os casamentos formarem-se fora da comunidade lusófona. Os chineses assumem, de forma crescente, os direitos de cidadania, em um movimento que converge com o da classe média que participa do contexto da lusofonia. De acordo com Cabral & Loureiro (1993), os macaenses deixam de se apresentar como promotores do projeto colonial português, passando a legitimar sua presença em virtude da contribuição histórica que Macau constitui para a própria China.

Nesse contexto, com a transformação do projeto étnico macaense, ocorre uma alteração dos modos de recepção da produção literária dos macaenses enquadrados na lusofonia. A recepção de textos de Adé, Luís Gonzaga Gomes, Deolinda da Conceição e Henrique de Senna Fernandes passa a ser atualizada em razão de uma acumulação de significados que correspondem à tradição do passado de uma dentre as várias etnias que compõem o território, deslocando a pers-

Identidade e memória no espaço literário de língua portuguesa em Macau 187

pectiva que abrangia esses textos como a representação de uma força cultural dominante e colonial.

Dessa forma, na verificação dos valores subjetivos e subjacentes à transferência da soberania, as possibilidades de legibilidade de Macau formam-se na compreensão de coexistência de uma produção literária plural que abrange a modernização e a tradição, reforçando ainda mais a importância do trabalho desses escritores.

Referências bibliográficas

AMARO, A. M. *Macau: o final de um ciclo de esperança*. Lisboa: Universidade Técnica de Lisboa, Instituto Superior de Ciências Sociais e Políticas, 1987.

_____. *Filhos da terra*. Macau: Instituto Cultural de Macau, 1988.

_____. *Das cabanas de palha às torres de betão*. Assim cresceu Macau. Lisboa: Universidade Técnica de Lisboa, Instituto Superior de Ciências Sociais e Políticas, 1996.

BATALHA, G. N. Língua de Macau: o que foi e o que é. *Revista de Cultura (Macau)*, n.20.

_____. *Bom dia, stora!* (diário duma professora em Macau). Macau: Instituto Cultural de Macau, 1993.

BHABHA, H. *O local da cultura*. Belo Horizonte: Editora da UFMG, 1998.

CABRAL, J. P. LOURENÇO, N. *Em terra de tufões*. Dinâmicas da etnicidade macaense. Macau: Instituto Cultural de Macau, 1993.

CONCEIÇÃO, D. *Cheong-Sam – a cabaia*. Macau: Instituto Cultural de Macau, 1995.

CUNHA. V. *Sobre a identidade e a morte*. Histórias macaenses. Macau: Instituto Cultural de Macau, 1998.

GOMES, L. G. *Chinesices*. Prefácio de Joaquim Morais Alves. Macau: Instituto Cultural de Macau, 1994a.

_____. *Macau: factos e lendas*. Prefácio de Graciete Batalha. Macau: Instituto Cultural de Macau, 1994b.

GOMES, L. G. *Curiosidades de Macau antiga*. Macau: Instituto Cultural de Macau, 1996.

188 Oriente, engenho e arte

_____. *Macau: um município com história*. Prefácio de António Aresta e Celina Veiga de Almeida. Macau: Leal Senado de Macau, 1997.

FERREIRA, J. S. *Macau. Jardim abençoado*. Macau: Instituto Cultural de Macau, 1988.

GUNN, G. C. *Ao encontro de Macau*. Uma cidade-Estado portuguesa na perifeira da China, 1557-1999. Macau: Fundação Macau, 1998.

LABORINHO, A. P. Jaime Inso e o mistério do Oriente. In: INSO, J. do. *O caminho do Oriente*. Macau: Instituto Cultural de Macau, 1996.

INSO, J. do. *O caminho do Oriente*. Macau: Instituto Cultural de Macau, 1996.

LOURENÇO, E. *O canto do signo. Existência e literatura*. Lisboa: Editorial Presença, 1994.

_____. *Portugal como destino seguido de mitologia da saudade*. Lisboa: Gradiva, 1999.

MARREIROS, C. *Fotobiografia de Adé dos Santos Ferreira*. Macau: Fundação Macau, 1994.

MOORE-GILBERT, B. *Postcolonial theory*. Contexts, Practices, Politics. UK, USA: Verso, 1997.

MIL BING, C. C. Macau: um período "pré-pós-colonial". *Revista da Cultura* (Macau), n.19, abril-junho 1994.

ORIENTE IMPRESSO. 200 anos de jornalismo em Macau, 1999.

Revista Cultural de Macau. Instituto Cultural de Macau, n.11-12, julho a dezembro, 1990.

SANTOS, C. P., NEVES, O. *De longe à China. Macau na historiografia e na literatura portuguesas*. Macau: Instituto Cultural de Macau, 1996, t.III.

SENNA FERNANDES, H. de Macau, a desconhecida. Separata do *Boletim da Sociedade de Geografia de Lisboa*, 1954.

_____. *Amor e dedinhos de pés*. Macau: Instituto Cultural de Macau, 1986.

_____. *A trança feiticeira*. Macau: Fundação Oriente, 1993.

_____. *Nan Van. Contos de Macau. Macau*: Instituto Cultural de Macau, 1997.

SAID, E. *Orientalismo*. São Paulo: Companhia das Letras, 2001.

SENNA FERNANDES, H. de. *Mong-Há*. Macau: Instituto Cultural de Macau, 1998.

_____. Sinto-me como se fosse um guerreiro. *Jornal do Brasil*. Rio de Janeiro, 26 dez. 1999. Caderno B.

SILVA, A. de A. e. *Eu estive em Macau durante a guerra*. Macau: Instituto Cultural de Macau, Centro de Estudo Marítimos de Macau, 1991.

SIMAS, M. Abalos no espaço doméstico chinês, em crônicas de Deolinda da Conceição. In: *Anais do IX Seminário Nacional Mulher e Literatura* (UFMG), 2001. v3 (Também em CD-ROM).

_____. *Margens do destino: a literatura em língua portuguesa na locação da cultura de Macau*. Rio de Janeiro, 2001. Tese (Doutorado) – Pontifícia Universidade Católica.

_____. Transição e trânsitos culturais em Macau. *Revista da Biblioteca Mário de Andrade*. Literatura e Diversidade. São Paulo, 2002.

TEIXEIRA, P. M. *Toponímia de Macau*. Macau: Instituto Cultural de Macau, 1997, v.I e II.

TEIXEIRA, M. *(Monsenhos) Japoneses em Macau*. Macau: Instituto Cultural de Macau, 1992.

Sobre os autores

Benjamin Abdala Jr. é chefe do Departamento de Letras Clássicas e Vernáculas da Faculdade de Filosofia, Letras e Ciências Humanas da USP e professor da pós-graduação da área de Estudos Comparados de Literaturas de Língua Portuguesa. É autor, entre outros, de *Incertas Relações* (Senac, 2003) e *De Vôos e Ilhas* (Ateliê, 2003). Organizou vários livros, sendo o mais recente *Imagens da Cultura – Mestiçagem, Hibridismo e Outras Misturas* (Boitempo, 2004).

Hélder Garmes, organizador deste volume, é professor de literatura portuguesa da Letras-USP. Doutorou-se na mesma universidade com a tese *A Convenção Formadora: Uma Contribuição para a História do Periodismo Literário nas Colônias Portuguesas*, defendida em 1999. É um dos autores do livro *Literaturas em Movimento: Hibridismo Cultural e Exercício Crítico* (Arte & Ciência, 2003).

Regina Célia Fortuna do Vale é doutoranda da área de Estudos Comparados de Literaturas de Língua Portuguesa da USP. Seu mestrado, *A Literatura de Goa em Língua Portuguesa e o 'Signo da Ira'*, foi defendido em 1999.

Benilde Justo Caniato, professora da pós-graduação da área de Estudos Comparados de Literaturas de Língua Portuguesa da USP, é autora de vários artigos sobre a literatura nas ex-colônias portuguesas e organizadora do livro *Abrindo Caminhos: Homenagem a Maria Aparecida Santilli* (FFLCH, 2002).

Mônica Simas é professora de literatura portuguesa da USP. Seu doutorado, *Margens do Destino: a Literatura em Língua Portuguesa na Locação da Cultura de Macau*, foi defendido na PUC-RJ em 2001, universidade em que também lecionou.

Impressão e Acabamento
Com fotolitos fornecidos pelo Editor

EDITORA e GRÁFICA
VIDA & CONSCIÊNCIA

R. Agostinho Gomes, 2312 • Ipiranga • SP
Fonefax: (11) 6161-2739 / 6161-2670
e-mail: grafica@vidaeconsciencia.com.br
site: www.vidaeconsciencia.com.br